発達——差異論と動機づけの問題

インクルーシブ教育実現のための発達心理学的考察

田中道治 著

北大路書房

序文にかえて

　子どもの教育を考える上では，発達に関する問題を避けることはできない。最近では高齢者を含めた人間について考える上でも，発達に関する問題を避けることはできないと考えている。発達については，発達における質的変化や量的変化，あるいはそれらの相互関連性，また発達の連続性，非連続性が議論されてきた。

　知的障害の発達についても，同一レベル（MA）の健常児との連続性，あるいは非連続性に焦点を当てて，発達－差異論間の論争として議論されてきた（詳しくは本書第3章・第4章を参照いただきたい）。

　田中道治氏は本書で，健常児との違いとして非連続性を重視する立場である差異論と，健常児との共通性に軸足を置いた発達論との論争を整理し，さらにメタ認知やPASS理論ならびに動機づけの観点を持ち込むことにより，これからのインクルーシブ教育の実践において重要な理論的支柱を我々に提示してくれている，と私は捉えている。

　また，今後のインクルーシブ教育の実践に向けては，認知心理学，情報科学，あるいは脳科学などの知見が大いに活用され，その成果が期待されるところである。特に脳機能と子どもの行動（発達）との関連性を究明する脳科学および神経科学の役割は重要であろう。

　そこでここでは今後の発達の考え方の参考として，脳機能の指標として用いられる脳波の発達に関する実証例をあげておきたい。脳波の発達は，その基礎律動が対象となる。基礎律動とは覚醒安静状態で頭皮上から導出された記録である。脳波の発達とは，比較的長期間にわたる脳波の変化のことをさしている。

　図1の右図にはLindsley[1]により報告された後頭部脳波のアルファ波周波数の年齢的変化を示した。生後1か月から16歳までの132名の後頭部脳波から周波数と振幅を測定した。図によると，1歳で6Hz，2歳で7Hz，3歳で7.5Hz，4歳で7.7Hz，5歳で8.4Hz，7歳で9Hzのように平均周波数がゆっくり増加し，12歳ごろに10Hzに到達し，成人に達する。振幅は1～2歳が最大で，3歳ごろに急激に減少し，15～16歳頃まで減少が続く。これらのことから脳波

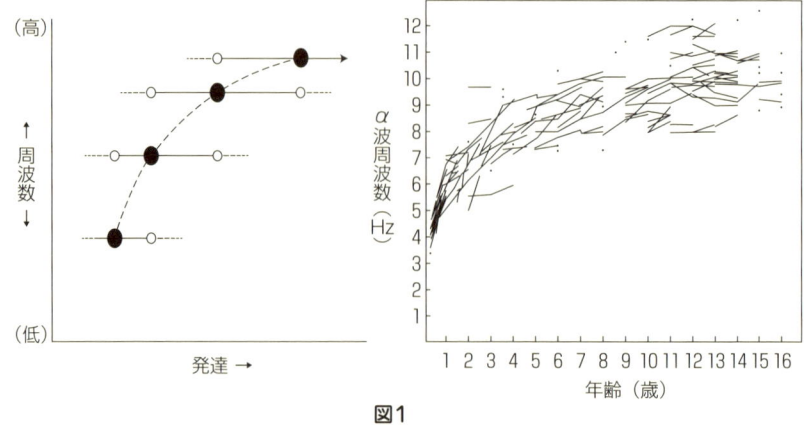

図1

の発達は年齢増加とともにアルファ波周波数が連続的に増加し，約10Hzに達し，振幅は漸減するとした。

ところがLindsleyの報告は，脳波基礎律動をアルファ波としてのみ取り扱っている（図1右図の縦軸の説明を参照）。その結果，年齢が進むに従い脳波の周波数が連続的に高くなると結論づけたのは当然なことである。しかしこの報告には2つの問題がある[★2]。1つ目の問題は，発達途上の脳波には複数の周波数成分が見られやすい，ということである。それにもかかわらず脳波基礎律動の平均周波数を算出したことである。平均処理により真の周波数成分とは異なる周波数成分を作り出す危険性がある。報告では実施されていないが，図に示された結果から見ると，2つ目の問題が潜んでいる。すなわち各年齢別に集められた対象の平均周波数から年齢別平均周波数を算出すれば，周波数の連続的増加がいっそう強調されることである。

図1の左図に示した脳波の発達のschemaは健常児・知的障害児の脳波の横断的研究[★3,4]および縦断的研究[★5,6]から提案された。この発達のschemaは特定の周波数に脳波の成分が出現し，それが発達の過程でパワが最も大きい優勢成分に変化するとともに，さらに高い周波数にパワの小さいピーク成分の準優勢成分が出現し，この成分が優勢になると，低い周波数にみられた優勢成分が準優勢成分へと変化し，そのうち消失する経過をたどることが繰り返されると考えた。

序文にかえて

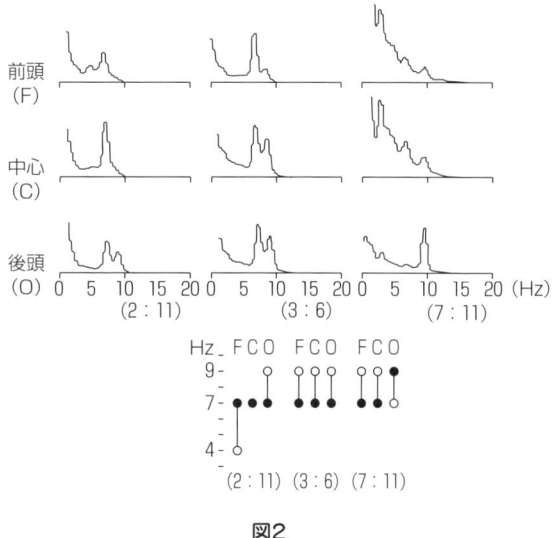

図2

　ここで示したのは，脳波基礎律動の発達は，その周波数が連続的な増加でなく，特定周波数成分のパワの増強減弱との関連での経過，すなわち非連続における連続的経過を経ながら発達変化を示したことになる。なぜ非連続であるかの根拠については堅田の報告[*7]を参照されたい。さらに図2では追跡的記録の分析結果を示した。2歳11か月では後頭部にみられる9Hzの成分は7歳11か月の結果と比較すると，将来に優勢になる周波数成分であるが，前頭部の4Hzの成分は今後消失する成分である。また前頭部，中心部，後頭部のいずれにも優勢な成分として出現している7Hzの成分は時間の経過で今後，優勢でなくなるか，または消失する成分である。このように2歳11か月にみられる周波数成分が過去，現在，未来にかかわる脳波の成分として示されていることは興味深い。

　脳波の場合は環境との関連が明確ではないが，発達に関する考え方に対して参考にすべき点はあると考えている。

2013年3月　　東京学芸大学名誉教授

堅田明義

【文献】

★1：Lindsley, D. B.（1939）. A logitudinal study of the occipital alpha rhythm in normal children. *Journal of Genetic Psychology*, **55**, 197-213.
★2：堅田明義（1991）．発達途上脳波の周波数スペクトル分析　臨床脳波，**33**，474-479.
★3：堅田明義（1973a）．精神薄弱児の発達に関する生理心理学的研究──脳波の帯域分析による検討──　心理学研究，**44**，59-67.
★4：堅田明義（1973b）．精神薄弱児の発達に関する生理心理学的研究──脳波のオートパワスペクトルによる検討──　心理学研究，**4**，186-194.
★5：Katada, A., Ozaki, H., Suzuki, H., & Suhara, K.（1981）. Developmental characteristics of normal and mentally retarded EEGs. Electroencephalography and *Clinical Neurophysiology*, **52**, 192-201.
★6：Katada, A., Koike, H.（1990）. Developmental process of electroencephalogram by follow-up recording of normal and mentally retarded children's EEGs. *Japanese Psychological research*, **32**, 172-180.
★7：堅田明義（2012）．脳波基礎律動にみられるθ波とα波のgeneratorについて──脳波の発達のschemaとの関連で──　生理心理学と精神生理学，**30**，25-38.

目　次

序文にかえて　　i

第1章　子どもの発達と教育 …………………………………………… 1

　1節　発達の質的転換期と発達段階　　1
　2節　発達と教育のかかわり　　5
　3節　障害者の発達と教育　　6

第2章　障害児の発達・学習 …………………………………………… 11

　1節　発達と学習の関係　　11
　2節　感覚・知覚学習と発達　　13
　3節　認知学習　　18
　4節　分類学習と概念形成　　24
　5節　弁別学習と概念達成　　28
　6節　学習と認知処理プロセス　　33
　7節　学習とメタ認知　　35
　8節　学習における動機づけの役割　　38

第3章　発達に関する発達−差異論と動機づけの問題 ……………… 41

　1節　発達−差異論争とは　　41
　2節　差異論，その論点，そして研究の歴史　　42
　　　1）認知的硬さ　　43
　　　2）注意欠陥　　46
　　　3）短期記憶欠陥　　47
　　　4）言語媒介欠陥　　48
　3節　発達論，その論点，そして研究の歴史　　52
　　　1）社会的剥奪仮説　　53

　　　　　2）正と負の反応傾向仮説　　55
　　　　　3）強化子の階層仮説　　58
　　　　　4）成功の期待仮説　　59
　　　　　5）外的指向性仮説　　65
　　4節　論争解決に向けた新たな論点（1）─メタ認知　　70
　　　　　1）メタ認知とは　　70
　　　　　2）メタ認知と発達レベル（MA）との関係について　　73
　　　　　3）メタ認知, MA, そして動機づけの関係について　　77
　　5節　論争解決に向けた新たな論点（2）─PASS理論　　80
　　　　　1）PASS理論とは　　80
　　　　　2）認知処理, 精神年齢（MA）, そして動機づけの関係について　　83

第4章　発達−差異論の貢献　　87

　　1節　発達心理学研究に対して　　87
　　2節　障害児心理学研究に対して　　88
　　3節　養育・保育・教育に対して　　90

文献　　95
人名索引　　101
事項索引　　103
特別寄稿論文「発達論アプローチについて」　　107
共同研究　精神遅滞児における弁別移行学習および外的指向性　　111
あとがき　　121

第1章

子どもの発達と教育

1節　発達の質的転換期と発達段階

　今日ほど，子どもの発達，あるいは人間の個体（発生的）発達が見えにくかったり，また大きな問題を持っているのではないかと不安になったりしたことはこれまでなかったのではないだろうか。これは発達の時期区分，すなわち乳児期，幼児期，児童期，思春期，そして青年期といった発達期の不明確さ以上に1人ひとりの子どもの発達諸機能の連関性の歪み，あるいは弱さによってもたらされているように考えられる。発達の初期であればあるほど，子どもは運動・動作（手指操作）・言語認識の各々の発達機能を相互に連関させつつ成長し発達していく。このような発達を保障するものが養育・保育・教育を中心とした発達環境であり，併せてその発達環境のもとで能動的に人と物とのかかわりを持つ子ども自身の活動であろう。しかしながら子どもの発達機能の連関性の問題は，何よりも発達環境の担い手である教師や親の側の発達観とも関係している。近年，彼らは言語認識の機能を過剰に発達的評価し，運動機能および動作機能を過小評価する傾向があり，バランスのとれた発達観を欠いた状態にある。このことは，子どもが持っているある1つの心理機能（例えば，言語機能）だけを優先し，それが早期に発達するように養育・保育・教育に向かい，その結果，子どもの全面発達を阻害することにつながっている。

発達期およびその段階に関連して，感覚運動期（誕生～1歳6か月あるいは2歳），前操作（自己中心）期（1歳6か月～7歳），具体的操作期（7歳～11歳あるいは12歳），そして形成的操作期（11歳～）として発達過程を段階的に説明したピアジェ（Piaget, J.）の発達理論が一般的であろう。感覚運動期は，6つの下位発達段階が区別されており，反射的活動を媒介にして人や物とのかかわりを行う段階から，獲得した動作シェマを手段－目的関係の把握のもとで活用する段階を経て，状況判断あるいは洞察を行う発達段階までである。前操作期では，動作シェマの活用が，イメージや概念に支えられるようになり，その結果，表象的な思考活動を展開する。具体的操作期に入ると，実際的そして具体的な心的活動，例えば次元内比較（㉠㉠㉠㉑㉑の場合，赤色と青色の多少比較）あるいは次元間比較（赤色と丸または青色と丸の多少比較）に論理的操作が適用されるようになる。そして，形式的操作期では，抽象的な心的活動であっても論理操作を当てはめることができ，思考の形式と内容が区分されてくる。

　このようにピアジェの発達理論では，子どもが環境との相互作用において，どう主体性・能動性を発揮するか，認知，感情，あるいは言語などの発達諸機能の発達過程が明らかにされている。この点，子どもの発達を全体として把握するために各々の発達機能に着目していることは十分に評価されるが，各々の発達機能に共通に働く発達機制および発達段階間の移行について説明することによって，その目的が達成されるとしたら，ピアジェの発達理論には課題が残されていると考えられる。

　田中（1977）は，発達期および段階に関して，可逆操作の高次化における階層－段階理論を提唱した。これはこれまでの課題であった発達機能間の相互連関性および発達段階間の移行機制の解明に着目した子どもの発達の質的転換期を明らかにしたものである。わかりやすく言えば，発達における量的・質的側面のみでなく，その連続性や非連続性をも目に見える形で説明した発達理論と言える。誕生した後，子どもは回転可逆（誕生～生後6，7か月頃まで），連結可逆（1歳半頃まで），次元可逆（9，10歳頃まで），そして変換可逆（11歳頃～）といった各発達階層を経て成長していく。回転可逆の階層では，左右対称の安定したあおむけの姿勢を基礎にして，主として人との受動的交流や事物

への注視・追視あるいはリーチングを繰り返し，次の階層に向けて準備を進める。すなわち，より高次な発達階層を志向し，ここでは運動レベルで自発的な左右対称への寝返り，動作レベルで人や物へのリーチング，そして言語レベルで周囲の人からの声かけによる運動・動作の調整が示される。連結可逆は，座位姿勢から立位までのプロセスのなかで事物を能動的に操作し，また目的的に移動する階層のことである。次元可逆は，運動，動作，そして言語認識の各々の発達機能が具体的実際的な場面で自らの意図をもとに働く階層のことである。そして，変換可逆は，年齢で言えば11歳頃から始まる発達の階層であり，具体的実際的な状況から離れ，抽象的な思考の道具としての書き言葉が中心となる階層のことである。

　これらの発達階層には各々3つの発達段階（形成，可逆操作，より高次な形成段階）があり，より高次な形成段階を飛躍の発達段階と考えている。長島（1977）は，田中の提唱した発達理論（「可逆操作の高次化における階層－段階理論」）を踏まえて表1-1に示すような子どもの発達の質的転換期（部分）を乳児期から児童期までにわたりわかりやすく示している。このように可逆操作の高次化の発達過程を想定することによって，運動機能，動作機能，そして言語機能の各々独自な発達と，共通な操作特性，そしてそれらをコントロールする自我（自己）の発達とが構想された。自我（自己）に関しては，連結可逆の階層から次元可逆の階層にかけて，自己の活動意欲のもとに目的的に行動し，周囲の人やものとのかかわりに明確な意図を持つようになることから発達し変化していく。誕生した自我（自己）は，拡大しつつ養育・保育のなかで次の発達段階，つまり自我の充実（待つ，分ける，あるいは貸してあげるなど）に至る。その後，さらなる自我の充実を経て，自制心や自尊心の芽を育てていく。家族の生活や保育所などの集団生活のなかで自制心を形成した後，他者の意図を理解し（「心の理論」を獲得し），大人の精神生活を共有する。その結果，多面的に自己を理解することができるようになり，児童期，思春期，そして青年期を迎えることになる。階層および段階から子どもの発達を明らかにすることによって，発達過程そのものが理解され，他の人との相互関係のなかで生きた発達力として現実化していくことが可能となろう。

第1章 子どもの発達と教育

表1-1 子どもの発達の質的転換期 (長島, 1977)

質的転換期	中核機制		平均発達年齢	目やすになる活動		
	階層	操作特性		認識の層	動作の層	行動の層
乳児前半第1転換期	回転	回転軸1可逆操作	〜4週ごろ	○声・音に身動きやめる ○授乳後顔全体でほほえむ	○手握ったまま ○ガラガラもたすとすぐおとす(3sec.)	○伏臥位脚を屈伸し、時々頭を上げる ○ATNR姿勢把握反射
乳児前半第2転換期		回転軸2可逆操作	9〜12週ごろ	○話し声の方へ頭むける ○手を上に出しながめる	○手ひらいている ○ガラガラもたすとしっかりにぎる	○伏臥位尻を落として頭を長くあげている ○ATNR把握反射消える
乳児前半第3転換期		回転軸3可逆操作	17〜20週ごろ	○相手になるのをやめると不機嫌になる ○「イナイイナイバー」に反応する	○両手をふれあわす ○ガラガラもぎとろうとしてもはなさぬ	○伏臥位両腕伸ばして体をつっぱねる ○首がすわる
乳児後半第1転換期	連結	示性数1可逆操作	24週ごろ	○知らぬ人に人みしり ○他の人に向かって自ら発声する	○つみ木を手から手へもちかえる	○ねがえりをする ○座位の確率
乳児後半第2転換期		示性数2可逆操作	36週ごろ	○自分の名に反応する ○「バイバイ」に反応する	○つみ木を両手にもってうち合わす	○はいはいまたはつかまりだちをする
乳児後半第3転換期		示性数3可逆操作	48週ごろ	○頂だいに反応してわたす ○「メンメ」に反応する	○つみ木をコップに入れたり出したりする	○片手支えで歩く
幼児第1転換期	次元	1次元可逆操作	1歳半ごろ	○1語文をはなす ○目・口など指さしてこたえられる	○はめ板・円(回)できる ○スプーンを使う	○ふとんに足から入る ○すべり台を足からすべる
幼児第2転換期		2次元可逆操作	4歳ごろ	○数4までしっかりわかる ○はなしことばの一応の完成	○重さの比較ができる ○四角形・三角形が描ける	○スキップをする ○ケンケンで前へ進む
幼児第3転換期		3次元可逆操作	7歳ごろ	○時間の概念ができる ○書きことばの獲得(日記・手紙など)	○5個の錘の比較がたしかになる ○円・矩形の群性化	○規則のあるゲームをする ○行動の予定が子供なりにたてられる
児童第1転換期	変換	1次変換可逆操作	10歳ごろ	抽象的思考がはじまる (分数の理解, 保存の概念)		
児童第2転換期		2次変換可逆操作	13歳ごろ	変数操作がはじまる $\left(\begin{array}{l} ax = b \\ a>b,\ c>a ならば c>a>b \end{array}\right)$		
児童第3転換期		3次変換可逆操作	16歳ごろ	形式的論理操作の一応の完成 (あらゆる組合せ, 比例の一般的概念)		

2節　発達と教育のかかわり

　子どもの発達が家庭，保育所，あるいは学校における養育，保育，教育と密接なつながりを持つことは，野生児の研究を見れば十分理解できる。親，保育者，あるいは教師による社会的・歴史的な種々な経験が伝えられないところでは，コミュニケーションや思考の道具としての言語認識機能や道具の操作の中心にある動作機能の発達は願うべくもなく，また移動運動の発達機能であっても二足歩行まで十分発達しないのである。これまでの子どもの発達にかかわる教育の考え方の変遷をみてみると，以下の4段階を経てきているように考えられる。

①生得的な能力あるいは素質によって教育は規定される。
②主として子どもの神経系の成熟のもとで形成されるレディネスを踏まえて教育は準備される。
③発達の最近接領域に働きかけるのが教育である。
④子どもの意欲および要求を引き出し，子ども自らが能動的に外界に働きかけ，自らの世界を構築していけるように支えるのが教育である。

　最後の両者のかかわりに関する解釈については，教育実践および実践と科学との統合過程を通して，子どもの発達が自己運動過程として理解され，そのことに結びついて子どもの成長・発達の意欲を大切にしたところに特徴がある。これは，先に述べたように，子どもの発達を形式的側面（「できる」「わかる」などの能力のこと）および内容的側面（興味，意欲，願い，共感，感情など）の両方から捉えようとする発達の質的転換期と段階の考え方と一致するものである。

3節　障害者の発達と教育

　障害を持つ子どもの発達期および段階は，健常な子どもと共通なのだろうか。障害の種類による発達像および障害像の違いが認められているのだろうか。さらに，障害児における発達と教育のかかわりを，どう把握し，彼らの発達を促す教育をどのように構築していけばよいのだろうか。

　熊谷(1982)はピアジェの発達理論を踏まえて，健常児が発達段階の途中に飛躍的な発達を遂げてより高次な段階に移行するのに対して，知的障害児は同じ発達の過程を経るもののより低次な段階を充実させてはじめて高次な段階に発展すると述べた(図1-1)。すなわち彼は，知的障害児の発達を「縦の発達(段階間の移行)」および「横の発達(同一段階内での広がりと深まり)」として特徴づけたのである。これは，知的障害児では，発達の「できる」「わかる」などの形式的側面以上に，「やってみよう」「おもしろそう」などの内容的側面が特に重要になることを示唆する。このことは，知的障害児の教育において，適応主義的なアプローチではなく，発達論的アプローチを志向する際，理論的支柱を与えるものと考えられる。すなわち，健常児と同じように自己運動過程として発達を理解し，現在の発達段階で身につけている知識およびスキルを教育や指導を通してあらゆる生活の場面で積極的に活用することによって，より高次な発達段階に至ることができる。

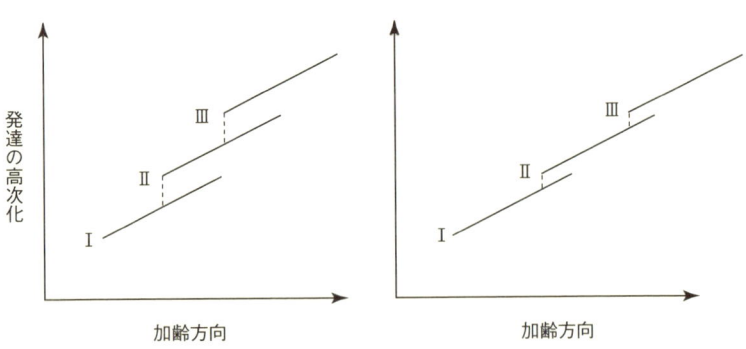

図1-1　健常児(左)と知的障害児(右)の発達過程のモデル(熊谷，1982より)

3節　障害者の発達と教育

表1-2　事例1の発達的変化

発達	入園時の状態 1次元可逆操作（ぬけ） （3歳5月）	指導課題と方法 1次元可逆操作をもちいて2次元を築く	実践結果 2次元形成期（3歳9月）	指導課題と方法 2次元をさらにゆたかに形成する	実践結果 2次元形成期（4年9月）
運動性	○普通に歩こうとする。 ○両足にぶあがあるが、ケンケンは足がずかしい。すべり台は手すりがあれば1人で上下できる。 ○階段は手すりがあれば1人で上下できる。	○全身のたくみな操作を学ぶ。いろんな体験をゆたかに体のバランスをあわせてあそぶ。全身をつかうあそびを学ぶ。体操、マット運動、リズム体操、平均台、散歩など。	○三輪車にのってこげる。 ○両足にぶあがえて高い所からとびおりる。 ○片足立ちは1・2秒する。 ○両足でジャンプしながら前進できない（前回転）。 ○平均台は手助けが必要である。	○全身のコントロールをよりたくみにする。身体を目的にあわせて動かすことを学ぶ。全身をつかうあそびを学ぶ。	○平均台は横むきで歩く。 ○目標物にむかってたしかに走ることができる。片足ケンケンして前進しない。 ○両足でジャンプしながら空中で一回うつ。 ○まわっているホープジャンプルにとびこめる。
適応性	○スプーンで食事する。 ○なぐりがきは、円錯画。よこ線や点も書こうとするがはみだす。はさみきれないが、紙を切ろうとする。 ○言葉は1語文で話す。おとなのことばをくりかえしていう。積木、ねんど、ブロックをあそんで2語文までいうことがある（大小、長短、上下、縦横、前後の理解）	○手をつかう道具の使用を学ぶ。いろんな道具、いろんな素材をあつかう手の操作を学ぶ。スコップ、ほうき、えんぴつ、はさみ、どろ、砂、水、紙、色名などをいれる。はじめて1語文からでてきた2語文をふやし、コナクー、センセイヨと 歌えるいう。発音不明瞭。	○おはしを使用している。 ○ぬりえの、いろんなテクニックを好んで黒板なとにまるく書く。「マルカイテ」と丸がもかける。 ○色名がよくわかる。 ○言葉は2語文がでてきた。コナクナーセンセイヨと いう。発音不明瞭	○手をつかう道具の使用をさらにゆたかにする。絵本、会話をゆたかにさせる。言葉のあそび経験にゆさぶりをかける。	○おはしを十字までもって食事する。四角はずかしい。 ○描画は十字まで書く。角もかける。 ○くぎを左手でおさえ、釘を右手でとんとん打てる。 ○3語文以上につなげる。助詞をつけて話す。「〇〇へ」ブランコに行くと思っていることを言葉で表現できる。 ○大小、長短区別する。
社会性	○はじめ1週間は母親と別れる時にすこしぐずつく。 ○「おはよう」とよびかけると「オトチャン」と元気にこたえられる。おとなとことばを大切にうけとめ、まねがとくべつ強い。 ○バギーに乗っている子を「アカチャン、アカチャン」という。シッコ、ウンコと告げできる。 ○衣服着脱。くつ、パンツ脱げるがはけない。他は介助。	○おとなが仲介して、友だちといっしょに遊ぶことと友だちとの遊びを経験させる。 ○友だちのかかわり、言葉かけを大切にうけとめ、まわりの子の名前を覚え、友だちのバイキーを大切にする。 ○排泄、衣服着脱の自立をはかる。	○お当番をよろこんでやり、皆後のことを他児に知らせて動いてはならない。 ○友だちのかかわり、名前を呼んで他児のバイキーを押してやった。 ○先生ごっこ（本足が生徒）らしきまねをしたり長くやっている。 ○排泄「オシッコ」と報告する。コイタと失敗すると大便は失敗することがある。 ○着脱、半介助できる。	○集団的に上記の遊びが自主的に展開できるように援助する。 ○排泄、着脱などひとつひとつを自立させる。	○他児と誰とでも仲よく遊ぶことができる仲よく遊ぶ。模倣あそび、役割あそび、生活道具（机、カーペットなど）を利用して工夫してあそびをつくるなんでも興味をもって自主的に参加する。 ○排泄、子どもひとりでいつでもできるようになる。 ○着脱、小さいボタンをはめられ、ほとんど自立している。

長島(1977)は，知的障害児の発達的変化について，「横の発達」に注目した指導と関係づけて表1-2のように整理している。表1-2に示されるように，本事例は入園時に一次元可逆操作特性を含む運動・手指操作・言語認識の各発達機能を獲得しており，指導にあたりそれらの発達機能をあらゆる場で，主体的に，同時に意欲的に活用することができるように配慮されている。その結果，6か月後，発達的に2次元形成を身につけ，そして2次元可逆操作の操作特性の獲得に向けてさらに豊かな2次元形成を育み続けている。

知的障害児の発達を理解していくうえで，その内容的側面，つまり興味・関心，好奇心，探索欲求，目的志向性，感情，あるいは成功追求，失敗回避などの心理特性を十分踏まえることが重要であることは，彼らの知的発達が他の障害を持つ子ども（自閉症，アスペルガー症候群，あるいはADHDなど）に比べて，比較的均衡がとれていることから明らかになろう。他言すると，発達の

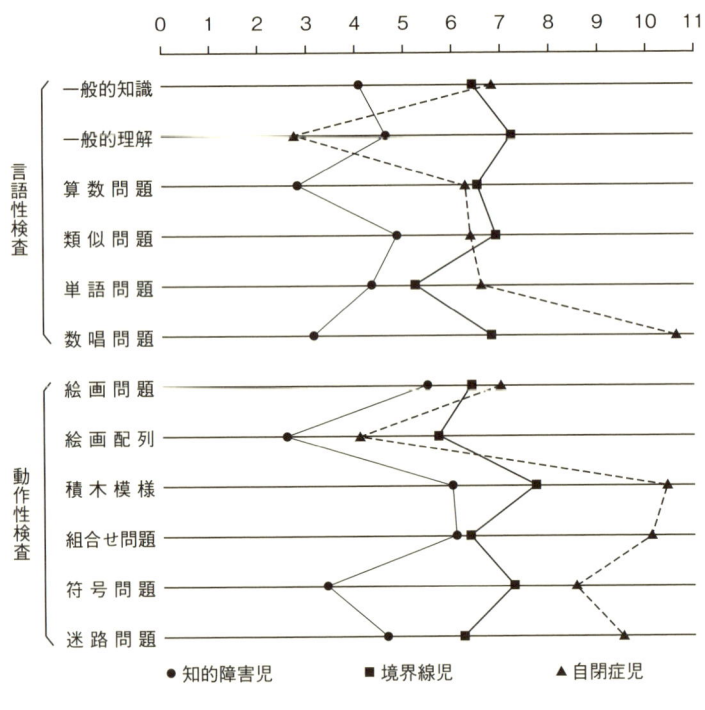

図1-2　WISCプロフィール（村田, 1980より）

遅れを持ちつつも、各々の能力が統一されているのが知的障害児である。そして能力の発達が内面の発達に大きく影響を受けるのが知的障害児である（今野、1977；田中・西谷、1978；田口、1978；Zigler & Bennett-Gates, 1999；田中、2001）。図1-2は、知能の発達に関して、知的障害児、境界線児、および自閉症児のWISC平均評価点のプロフィールである（村田、1980）。知的障害児は、自閉症児に比べると、言語性検査および動作性検査ともに各下位検査の評価点のばらつきが小さいことがわかる。自閉症児が両検査ともにばらつきの大きな評価点を示し、平均点を上回ったり、2SD以下であったりして非常に不均衡な能力の発達を示すのに対して、知的障害児は比較的バランスよく諸能力を発達させており、それらの活用が動機づけによって大きく影響されるものになっていると考えられる。

第2章

障害児の発達・学習

1節　発達と学習の関係

　前章で述べたように発達と教育の関係を考察するなかで，自己運動過程として子どもの発達を捉えることによって，教育は彼らの能動性を土台として成立することが指摘された。このことは，教育する者と，その教育的かかわりのもとで学習し発達する者との相互作用が存在することを意味する。ここで具体的に教師の行う教育的作用を受ける子どもの学習および発達がどのような相互関係を持つのか考察してみよう。

　一般的に，教師の行う教授のもとで子どもの学習は進展する。その代表的なものは，教科学習である。これは知識および技能などの内容を系統的・発展的に組織したものの学習であり，国語，算数（数学），理科，あるいは社会などの教科学習に区分され，いずれも各々の単元の学習目標，内容，手段の具体化を内包している。多くは教科書をおもな教材とする教科学習であり，論理的系統，時間的系統，そして空間的系統に基づいて編集された系統学習とも言える。もちろんそれぞれの学習活動を支えるものとして，子どものパーソナリティ形成や学習のねらいおよび方法のパースペクティブを考慮しなければならない。

　教科学習の他に，総合学習という子どもの生活および体験を重視した学習がある。これは知識や技能などの内容が系統的発展的に組織されたものではなく，

子どもの興味・関心を踏まえて生活に即した活動内容を主体的に学習するものである。学校教育のなかでこの種の学習が考慮されるようになったのは，1976年からの「ゆとりの時間」の設定からである。これは，子どもの自主的な判断力および行動力を育てることをねらいにし，体験的な学習を中心に置いた生活科の設置を経て，1999年からの教科横断的・総合的な学習である「総合的な学習の時間」へとつながっていく。

　教科学習は知識およびスキルなどの系統に従って選択された教材を順に学習するものであり，知識やスキルの量，それらの系統性，学習方法の効率性，あるいは遊びや生活との関係性が子どもの発達，特に認知発達レベルや学習プロセスによって影響され規定されるものである。すなわち小学校低学年から中学年，そして高学年へと学年の進行につれて，部分的で断片的な学習から全体的な学習，具体的な事物・事象や動作と結びつけたり遊戯化した学習，多量な知識やスキルの効率性に富んだ学習方法の適用，そして知識や技能を結果として学びとるのではなく自ら知識獲得のプロセスを体験する発見学習法の適用へと変化が示される。

　障害児教育における教科学習あるいは総合学習について考察してみよう。知的障害児の教科学習では，障害の程度とも関係するが，特に教科前から教科学習の内容までの系統的位置づけが特徴的である。国語教科の場合,「みる・きく」「ことば」「こくご」「国語」といった系列が考えられている。これは聞き言葉，話し言葉，そして書き言葉といった言語発達の筋道を踏まえたものである。そして算数教科では,「かず・かたち」「さんすう」「算数」「数学」といった系列のもとでの学習が設定されている。「かず・かたち」および「さんすう」では「算数」指導の基礎がステップ化されており，特に未測量，概念形成（分析・総合の思考），そして位置の表象などが学習内容である。このような基礎的な学習を経て,「算数」教科に至って，数量や図形を学習することになるのである。

　総合的学習は，国語や算数といった各教科の学習ではなく，教科別および領域別の指導のもとで展開する学習でもなく，各教科，道徳，特別活動を合わせた学習であり，またそれらの枠を越えた学習である。前者が生活単元学習と呼ばれるのに対して，後者は「総合的な学習の時間」と呼ばれる。この生活単元学習とは，日常生活に適応するために必要な知識やスキルを実際的に総合的に

学習することを言い,「総合的な学習の時間」は,「生きる力」を身につけるため, 1人ひとりの児童生徒の興味・関心を土台にした問題（課題）解決学習および地域体験を通した社会的な学習を中心とする。どちらにしても, 特に知的障害児の抽象能力や応用能力の未発達さの強調のもとで具体的・実際的な活動のなかで知識・スキルを習得させようと考えた学習形態である。この点, 障害児の認知発達に及ぼす動機づけの効果や教科学習の可能性などから, 総合的学習の問い直しもみられてきている。

2節　感覚・知覚学習と発達

　教科学習や総合学習などにおいて, 学習のはじめに子どもたちは教師の指示を聞いたり, 教科書の文章を読んだり, あるいは教材を見たりする。これは覚醒・注意システムの活性化であり, 同時に感覚・知覚の機能化を意味する。感覚とは, 視覚や聴覚などの受容器に興奮が生じ, それによって引き起こされた意識内容のことである。そして意識経験としてはっきり自覚されるものが知覚である。ここでは, 視知覚に着目して, 知的障害児の感覚・知覚学習の特徴を明らかにしよう。図2-1に示されるような刺激図形を年長健常幼児および発達レベル（MA）5～6歳の知的障害児に呈示する。そして, 刺激図形を注視している時の眼球運動を測定し, その時, 対象児に見たものの描画を課した（図

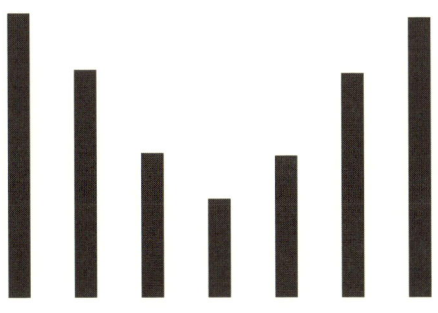

図2-1　系列モデル（乾・長谷川, 1975より）

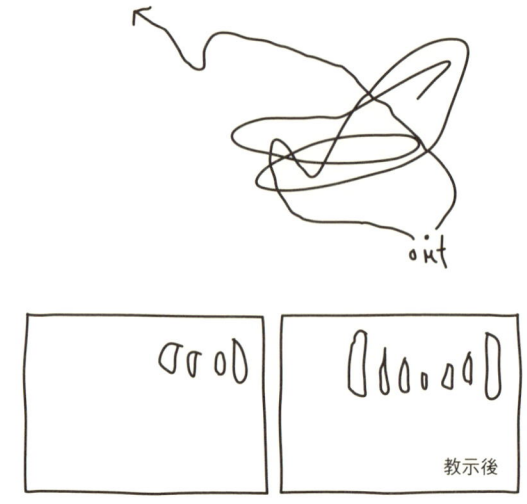

図2-2　眼球運動軌跡および再生描画（乾・長谷川，1975）

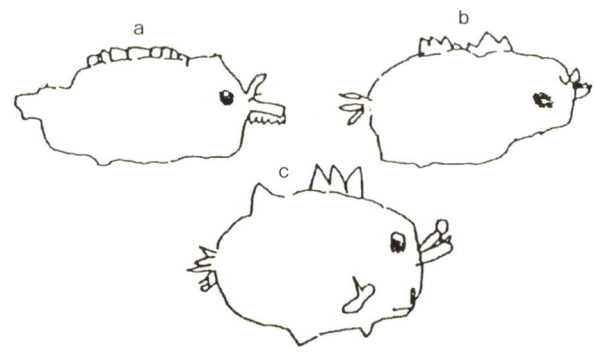

図2-3　絵図形（乾ら，1976）

図2-4　絵図形の再生描画（乾ら，1976）
a：教示前，b：全体構造の話し合い後，c：細部構造の話し合いの後

2-2）。その結果，健常幼児が真ん中の棒を中心にして左右に3本ずつ長くなっていく棒，つまりV字型を描画したのに対して知的障害児は3本の棒あるいは4本の棒を描いていた。この両者の違いを説明するために，眼球運動の軌跡の分析が行われた。健常児のそれは，7本の棒およびV字型を捉えたものであったが，知的障害児ではそのような眼球運動の軌跡は得られなかった。このように健常児が図形の輪郭の一番特徴的な部分を入念に吟味するのに対して，知的障害児の感覚・知覚の特徴として，輪郭をたどる運動はほとんどみられず，もっぱら図形の内面で起こると言える。しかしながら，刺激図形および描画を同時呈示し，それらの違いを比較させた後に，再度刺激図形を呈示し描画させると，図2-2（教示後）のような変化が示されたのである。さらに絵図形（図2-3）を与えて，子どもどうしの対象についての全体的な構造および細部の構造の話し合い，教師による教示を組織化して，対象認知が検討された（乾ら，1976）。その結果，図2-4に示されるように，対象の受身的な受像から能動的な対象選択へと対象把握が変化し，特に知覚活動の積極的な形成が示された。

　棒図形ではなく，単一な絵画刺激でもなく，ストーリー性のある刺激を用いて知的障害児および健常児の視知覚を比較した前川（1980）は，絵の解釈を分析することによって，知的障害児の未発達な知覚特性を明らかにしている。彼

図2-5　刺激用スライド（前川，1980）

21 0.728	17 1.546	13 1.993	9 1.689	5 1.665	1 0.000
22 1.943	18 2.936	14 2.408	10 3.973	6 3.807	2 2.637
23 2.198	19 2.022	15 3.577	11 4.137	7 3.166	3 2.605
24 2.619	20 3.462	16 3.343	12 3.790	8 2.732	4 1.351

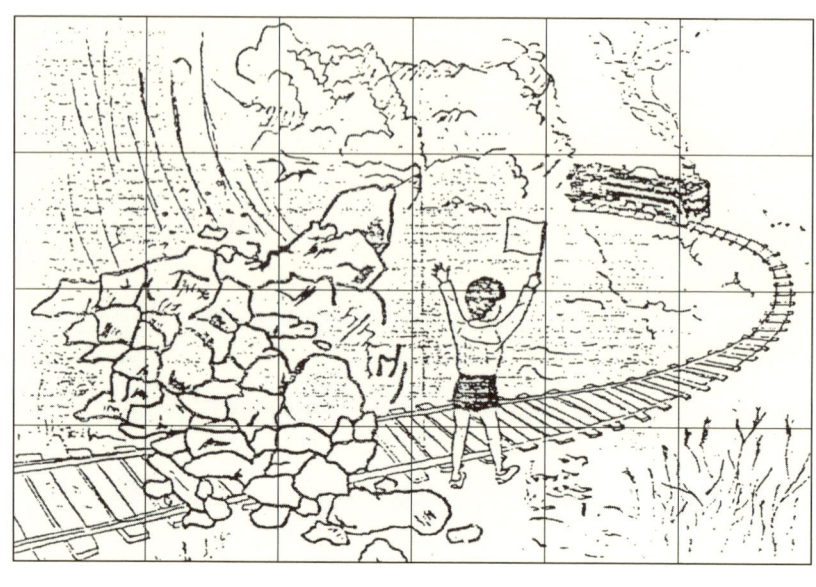

図2-6　絵の分割方法と各部分の重要度の尺度値（前川，1980）

は，図2-5に示される絵画刺激を与えて，注視している時の眼球運動および呈示後の口頭反応を分析した。一対比較法を適用して，絵画の解釈にとって重要な情報をもたらす部分を想定し（図2-6参照），対象児が凝視を通してどの程度の情報量を持ち，そのことによって口頭反応がどう影響を受けるかを分析した。その結果，知的障害児は健常児に比べて，凝視点率の順位と重要度の尺度値の順位との間に相関が認められず，凝視点の散布度が小さく，情報入手値が低く，そして，口頭反応得点が低いことが明らかにされた。これらの結果を踏まえて，知的障害児では刺激絵画の情報性の判断が不十分であり，刺激全体を凝視してしまい，絵のテーマを捉えようとせずに，具体物の探索に陥ってしまうといった視知覚特徴が明らかになった。この点については，感覚入力後に生じるはっきりと自覚される意識経験，つまり知覚の脆弱さが知的障害児に顕著に示されることが指摘されているのであるが，さらに一歩進んで彼らの知識（情報）探求の反応傾向，あるいは知覚的好奇心についての特性が明らかにされる必要があるだろう。

　Berlyne（1968）は，一次的動因によらない行動発生について，好奇心という内発的動機づけに着目した。これは「見たい」という知覚的好奇心を引き起こす外的刺激の特徴，つまり照合的特徴と密接に関係したものである。知的障害児では，この基本的な知覚特徴が問題を持っていると考えられる。そこで星野（1979）は，照合的特徴を持つ図形（不調和図形）と普通図形（調和図形）への注視時間および選択を比較検討した。その結果，全体的に知的障害児は，同一発達レベル（MA）の健常児に比べて，不調和図形への注視時間が短く，それを選択するものの割合が少ない傾向が示された。またこれらの結果から，知的障害児では不調和図形に含まれる照合的特徴を積極的に把握しようとする構え（認知的標準）が十分に形成されていないと議論された。そして，その後の研究において，この種の構えは両図形注視後に描いた不調和図形および調和図形の比較を通して十分形成され得ることが明らかにされた（田中・藤原，1987；田中・池谷，1988）。

3節　認知学習

前節では，外界の刺激（例えば，図形・絵画など）によって直接的に，または能動的に引き起こされる感覚・知覚の特徴について概観したが，ここでは知覚経験のなかで記憶や思考が介在して生じる認知学習を取り上げてみよう。

日常生活を通して，知的障害児の多くは記憶の問題から不適応行動や学習遅滞を示すことがある。学習に集中できず単に椅子に座っているだけだったり，教師の板書をノートに書き写すことができず何度も見てしまったり，忘れ物が多く常に教師から注意されていたり，あるいは学んだことを踏まえての新しい課題の解決に大きな困難さを持っていたり，といった状態である。このような記憶の問題はまず，彼らの未発達な短期記憶に起因すると考えられている。松村・木村（1986）は，複数の属性，つまり，視覚的属性，音韻的属性，そして意味的属性を持つ刺激項目（例えば，「ネコ」）を呈示し，知的障害児および健常児が記銘の際，どのように符号化するかを比較検討した。その結果，健常児が意味的属性を符号化したのに対して，知的障害児は音韻的に符号化する傾向を示した。通常，健常児の記銘の仕方によって，忘却を防ぎ刺激認知が成立するのであるが，知的障害児では把握や再生までに至る符号化が困難である。このように呈示された言葉あるいは絵刺激を記憶にとどめるための符号化の段階ですでに知的障害児の困難さが示されているが，学習という積極的な構えを必

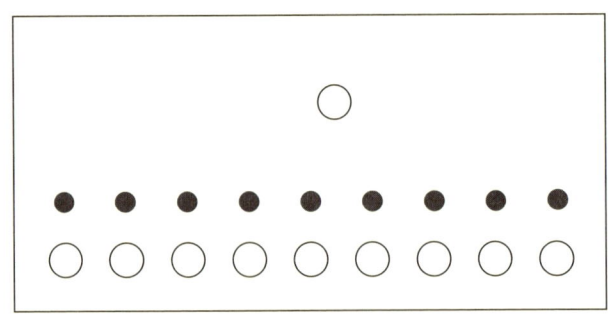

図2-7　系列再生課題装置（Ellis, 1970より）

3節　認知学習

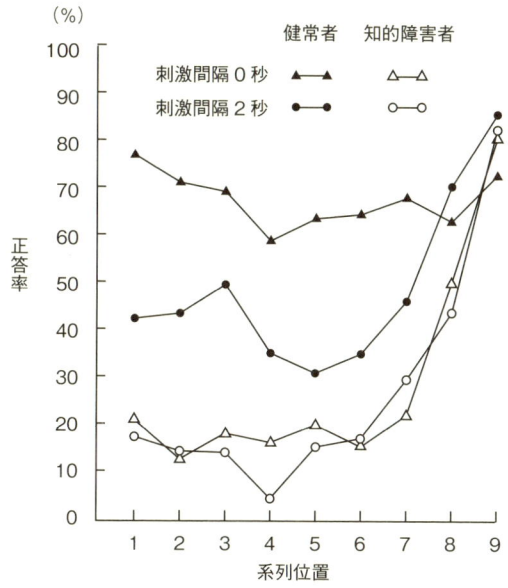

図2-8　系列再生位置曲線（Ellis, 1970より）

要とする事態で彼らはどのような記憶プロセスをたどるのであろうか。

　意図的な記憶の状態を検討するために，これまで系列再生課題が適用されてきた。図2-7に示されているように，この課題では記銘刺激を呈示する複数の窓が水平に並んでおり，左の窓から右に向かって1つずつ窓が開いたり，あるいは子ども自身が自分でキーを押して開けて刺激項目（数，文字，あるいは絵）を記銘する。そして，一番右の窓に呈示された項目の記銘後，すぐに上部の中央の窓にどれかの項目（標準刺激）が呈示され，子どもは標準刺激と同じものの窓の反応キーを押すことが求められた。Ellis（1970）は，刺激間隔0秒条件および2秒条件の系列再生課題を健常者と知的障害者に与え，系列再生位置曲線を比較検討した。その結果，図2-8に示されるように知的障害者は系列の最後の項目の再生率が高いものの，最初と中間の項目の成績が低く，また健常児のように刺激間隔の効果は示されなかった。また，子どものペースで窓を開けて記銘させた時のためらい時間を見たところ図2-9のような結果となった。このような結果について，知的障害者（図2-9のDの図）は能動的に記憶学習

19

第2章　障害児の発達・学習

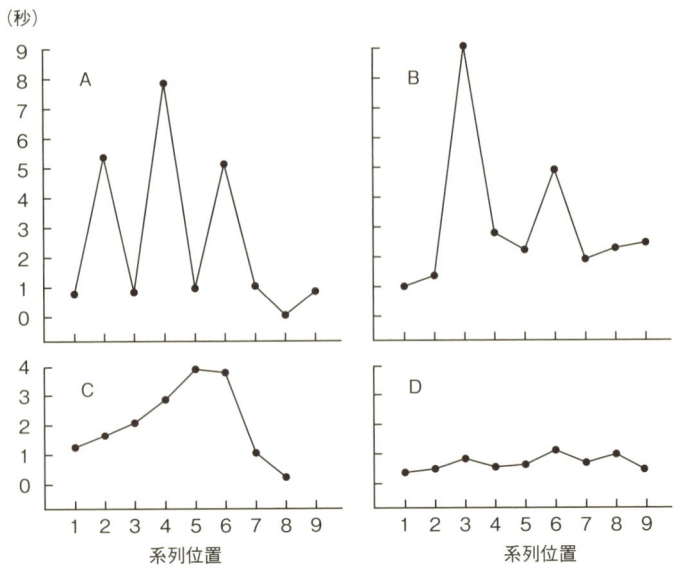

図2-9　系列再生課題における休止時間の例（Ellis, 1970より）

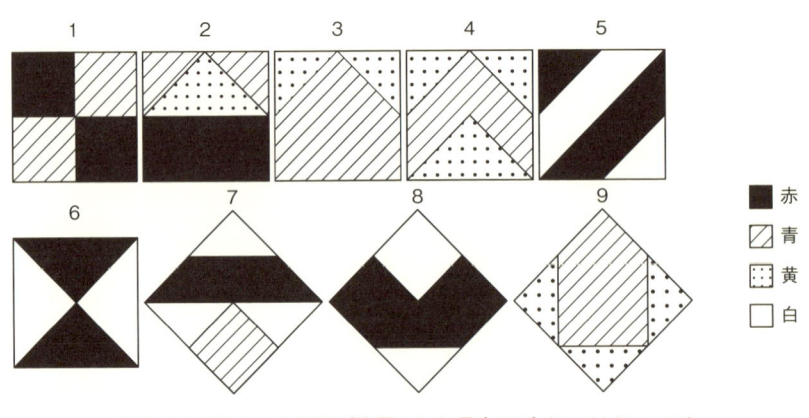

図2-10　第1〜9課題で使用された見本デザイン（小松, 1983）

に向かうことが困難であり，リハーサル，体制化，そして精緻化などの記憶方略を十分に活用していないと議論した。

次に認知学習のなかで空間的思考能力を必要とするものの1つに，構成活動

表2-1 解決できなかった場合に与えられる援助の内容(小松, 1983)

〈援助1〉：見本の構成単位（見本模様中の積木1個分に相当する部分）と実際の積木面とを同サイズ化する（独力試行での両者の面積比は1：9になっている）。この時，見本上に積木4個を重ね合わせて見せ，見本全体と構成物全体とが同サイズになっていることを強調する。

〈援助2〉：見本模様上に，構成単位に対応するよう分割線が描かれる。この時，子どもに「この見本の中にはいくつの積木がありますか？」とたずね，構成単位に対応した計数を行わせる（指差しを伴わせる）ことによって分割線を強調する。

〈援助3〉：援助2で使用された見本中の2色面に相当する部分の片方の三角形の直角部に目印を描き（図2-11参照），またそれと対応させて実際の積木の方にも目印をつけてやる。実験者は見本上の印と積木上の印とが対応していることを示し，その目印を手がかりとして積木の方向を決定するよう演示をまじえて指示する。

〈援助4〉：見本は〈援助3〉（ときに〈援助2〉）のものと同一であるが，ここでは，実験者によって逐一構成手順が指示される。すなわち，実験者は見本上の1構成単位部分を指で示し，「じゃ，ここから作ろうね」と言い，終了後「それでいいですか？」「見本と同じになっていますか？」などと問い，確認させる。この手順を構成単位数分繰り返し，完成に至らしめる。

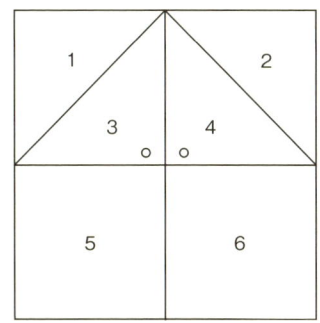

図2-11 空間的分析・操作成分への援助(小松, 1983)

がある。これは積木，粘土，あるいは描線などを用いていくつかの構成要素を組み立て図形や絵，あるいは模様を作る活動のことである。例えば，見本カードに描かれた模様を見て，色積木を使って同じ模様を構成する。そこでは空間的な分析と総合の認知能力の発達が関与しているのである。小松（1983）は，知的障害児を対象に構成活動の発達および障害の状態を形成実験的に詳しく分析検討した。図2-10に示されている見本模様図を呈示し，順次課題1から課題9までを与える。解決できなかった課題については，表2-1に示されるような援助内容を計画して実施した。

その結果,健常児では表2-1における〈援助4〉,つまり企画・制御成分への援助はまったく必要としなかったのに対して,知的障害児はその援助までも必要とするものが多かった。また,知的障害児の場合,〈援助1〉から〈援助3〉までの空間的分析・操作成分への援助によって課題遂行の改善がみられるものと,〈援助4〉の企画・制御成分への援助を必要とするものとに区別された。このように同じ発達レベルであっても健常児と知的障害児との間,また知的障害児の個体間に質的な差異が存在することが明らかにされた。これは構成活動における知的障害児の個人差が構成のプログラミングおよびコントロール能力と,プログラミング後の認知・操作能力という異なる成分によって生じることを示唆するものであろう。神経心理学的接近を通して,構成活動の認知学習的問題に対する従来の「構成」対「弁別」という二分法的理解(Bortner & Birch, 1962)でなく,また「構成」対「知覚」という理解(昇地,1971,1978)でもなく,さらに単なる空間表象の操作(積山ら,1984)でもない脳的基礎を踏まえた構造的成分としての解釈ならびに援助方法が可能となった。

　認知学習のなかで運動を介した思考過程に着目した知的障害児の特性を考察してみよう。運動は,手指操作(動作)や言語認識(思考)の心的機能と同じく発達機能の1つである。子どもの質的転換期からみると,発達機能は各々,独自な発達の段階を経ると同時に,相互に連関性を持ちつつ高次化していく。ここでは,発達の諸機能連関性にも関係した運動調整のための言語認識機能の役割について検討してみよう。

　「両足をそろえて跳び上がったり,降りたりする」運動は,発達レベル2歳から3歳頃に獲得する運動機能であり,「階段を昇ったり,降りたりする」運動は,3歳6か月頃に生じる。さらに「ケンケン」は3歳6か月頃から4歳頃になって獲得される全身運動である。このような「跳躍」「昇降」「片足立ち」などの運動は,日常生活のなかで無意図的に遂行されるものではなく,子どもの行為の心像・表象を中心とした認識活動を通して実現されるものである。例えば,運動場で思いっきり速く走った後に,「今度はゆっくり走ってみよう」と教示された時,知的障害児はいったいどのような運動調整を試みるのであろうか。つまり,彼らは,「意図の産出と行為のプログラム形成(「速く」および「ゆっくり」の認識)」を走るという運動遂行にどのように連関させるのであろ

表2-2 調査Aで用いられた厚紙の長さ（土岐，1981）

基準の長さ	選択用の長さ	
	2分の1	同一
1. 10	5	10
2. 20	10	20
3. 30	15	30
4. 40	20	40

単位：cm

表2-3 調査Bで用いられた厚紙の長さ（土岐，1981）

基準の長さ	選択用の長さ		
	3分の1	2分の1	3分の2
1. 10	3.3	5	6.7
2. 20	6.7	10	13.3
3. 30	10	15	20
4. 40	13.3	20	26.7

単位：cm

表2-4 認識の各レベルの定義（土岐，1981より）

レベル	調査結果	定義（調整指数予想）
Ⅰ	A－不通過	「半分」概念をまったく認識できていない段階 （最大努力で跳んだ場合と同じ程度の調査指数を示すであろう）
Ⅱ	A－通　過 B－不通過	「半分」概念を「より短かい」という程度に認識している段階 （意識的な運動調整を行うことにより，明らかに短かい距離を跳び，その調整指数は，各被験児の「半分」概念の認識の内容が多様であるため大きな個人差を示すであろう）
Ⅲ	A－通　過 B－通　過	「半分」概念のかなり深まった認識を獲得している段階 （3つのレベルのうちでは最もよい調整指数を示すであろう）

うか。この点，健常児との違いが示されるのであろうか。

　土岐（1981）は，立幅跳跳躍距離調整を課題として，知的障害児および健常幼児を対象にして，跳躍距離の調整（最大努力による跳躍距離に対する，その「半分」の距離の跳躍）が「半分」という認識とどのような関係を持っているのか検討している。長さの半分概念の認識に関する事前調査は，表2-2および表2-3に示されるように，2種類（調査Aおよび調査B）の調査を用いて実施された。そして，認識の各レベルの定義は表2-4に示される通りであった。

　立幅跳跳躍距離調整については，教示「思いっきり跳んでごらん」（最大努力による跳躍）の後で，教示「今跳んだ半分だけ跳んでごらん」（跳躍調整さ

れた跳躍）を与えた。調整については，

$$調整指数 = 100 + 100 \times \left(\frac{調整値 - 半分の値}{半分の値} \right)$$

で算出された。その結果，知的障害児は「半分」概念を深めていくと，それだけ調整指数も100に近くなり，運動調整の発達が示されるものの，同じ発達レベルの健常児に比べるとより高い調整指数を示す傾向にあり，また「半分」概念の深まりにもかかわらず調整指数が高かったりした。このように，知的障害児では発達機能の連関性を含む認知学習に困難な状態が明らかであった。

4節　分類学習と概念形成

　系列再生課題では，同一刺激（事物）の再認および弁別を含む学習が展開し，構成活動を通して同時的ならびに継次的な認知処理が行われ，そして運動調節に及ぼす概念の認識が跳躍事態で積極的に影響することが論議された。そして，知的障害児の場合，このような認知活動（学習）を支える概念獲得の問題が大きいことが示唆される。彼らはいったいどのような概念獲得の水準に達しているのであろうか。

　概念獲得については，概念形成（concept formation）および概念達成（concept attainment）の2つの側面を区別しておく必要があろう。概念達成が，すでに漠然とながら持ち合わせている一般的な概念から出発し，特殊な事例に接する時に，それらの事例がその概念にあてはまるか否かを区別しながら獲得していく過程であるのに対し，概念形成は特殊な事物に接しているうちに，それに共通する性質がわかり，その性質を備えている事物についての一般的な概念をつくっていく過程である。したがって，発達的にみてみると，概念獲得の筋道は，まず概念を形成しはじめ，ある程度概念が獲得された後に，その獲得した概念を用いて個々の事物・事象に接し概念を獲得（達成）していくと考えられる。

一般的に，発達年齢で4歳頃になって概念の形成が始まると考えられている。具体的には，置き時計，腕時計，そして壁時計は1つかそれ以上の点で共通点を持つものとして知覚・認知し，時計のクラスに類別する。また，図形について言えば，それらがどんな位置にあり，どんな色であり，そしてどんな大きさであっても，例えば四角形として類別する。このように概念形成の水準に達した場合をみてみると，知覚・認知の働きを踏まえて，概念形成が始まることがよく理解できるのである。

この点については，Klausmeier et al.（1974）が類別的水準での概念獲得の前におもに知覚・認知の働きを中心とした同定水準を，そしてその同定水準の前に具体的水準を順序づけた。具体的水準での概念獲得とは，同じものの弁別や再認のことであり，同定水準は状態や形，そして見えなどの変化のなかでも同一事物として認知することである。これまで知的障害児の概念形成における発達的特性およびその促進手がかりの検討のため，色と形の分類，事物絵カードの分類，語彙カードの分類，あるいは具体物の分類などが用いられてきた。寺田（1970）は，絵画材料を用いて，色彩や形などで共通するものを含み，果物，動物，乗物，そして虫などのカテゴリーを類別化させた。そして，分類終了後，各々の仲間分けについての基準を尋ねた。その結果，表2-5に示されるような分類の理由づけの処理後，次のような発達的特徴が明らかにされた。

①MA4歳レベルからMA7歳レベルにかけて視覚的表象による類別化が増加した。

表2-5 分類の理由づけの処理（寺田，1970より）

A	類を名称で明確に示した反応……………………………………記号象徴的表象
	（例：果物・動物・乗物）	
B	名称の形式はとるが不明確な反応	
	（例：食べる物・動くもの・乗る物）	
C	動作・状態を介在させた類別反応……………………………動作的表象
	（例：食べる・走る・乗る）	
D	事物相互の結合による類別反応	
	（例：果物屋さんに売っている）	
E	色彩・形を基準にした類別反応……………………………………視覚的表象
F	理由の主旨が不明確なもの・無答……………………………………不明
	（例：同じ・仲間・似ている）	

②その後に視覚的表象による類別化に代わって，動作的表象および記号象徴的表象による類別化が増大した。
③MA9歳レベルの後半になって，やっと70％近くの知的障害児が記号象徴的表象による類別化を示した。

このような絵画材料を用いた分類では，材料の知覚的属性（「赤い」「丸い」「とがっている」など）が類別化の基準になることが多く，同じ発達レベルの健常児に比べると，MA1歳半〜2歳の遅れが顕著に示された。さらに寺田（1970）は，この概念形成の遅れに関して，知的障害児が分類事態で記号象徴的表象の欠陥を有しているのか，それともその表象形成はできているものの，なんらかの原因によって処理の面でつまずいているのか検討している。そこでは，「動物」「虫」「鳥」などの語いを与えて該当するカードを取り出させた。その結果，例えば「虫」については，「とんぼ」「ばった」などを指摘しており，概念事例（外延に相当する）の数は少ないものの記号象徴的表象を生起させていることが明らかとなった。そして，知的障害児では，類別化の語いを保持していても，自発的にそれらを活用することが困難であり，自発的教示機能の未熟さの問題が示唆された。

次に色や形の概念形成の手続きとその成果について考察してみよう。カラーブロック（色積木）を用いて，図2-12に示されるように，6形体からなる積木で各々4色（赤，黄，青，緑）の全24個を6つの箱に分類することが課題とされた。

はじめに「同じもの，一緒のものを同じところに入れ，みんなきれいに分けましょう」という教示のもと，任意分類が要求された。その結果，MA4歳レベルになってはじめて色・形による分類が可能となり，色分類完全は20％，形分類完全は10％であった。そして，MA7・8歳レベルになると，色分類完全は10％，形分類完全は60％となり，70％の知的障害児が形を優位な類別基準とする概念を形成していた。これは，健常児のMA4歳レベルとほぼ類似した結果であり，3歳から4歳の発達的遅滞と考えられる。しかし先に述べた絵画材料を用いた概念形成と同様に，ここでも分類事態で「この色（あるいは形）と同じものはどれかな」という類名辞の教示を与えると，彼らは色や形の類別化を行

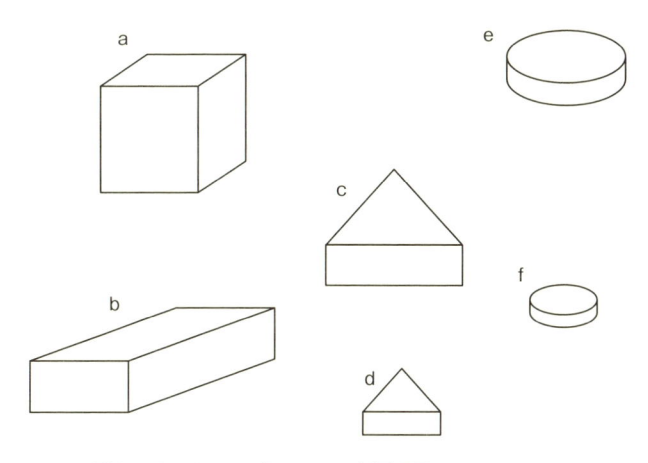

図2-12 カラーブロックの分類課題（松坂，1966）
a：立方体　b：直方体　c：大三角形　d：小三角形　e：大円板　f：小円板（a〜f各4色）

うことが明らかにされた。したがって，知的障害児では，概念名辞を自発的に活用した分類が困難になっており，認知的動機づけの影響が強いと考えられる。

　絵画材料でも色・形材料でも，いずれでも知的障害児の場合，類概念を保持していても十分に自発的にそれらを用いて分類を行うことが困難である。この困難さに対して，他者が類名辞を与えて概念の内包および外延の統合化をはかる試みがなされ，一定の成果を上げている。そこで保持している記号象徴的表象および概念名辞を自ら活用する刺激呈示の方法およびその工夫が求められよう。

　藤井（1988）は，分類材料が2次元か3次元かで概念名辞，内包，そして外延の統合が促進されるかを検討している。絵カード条件およびミニチュア条件ともに果物，動物，乗り物の3つの類を与え，各々3事例ずつが含まれた。健常児では全MAレベル（MA2〜3歳，4〜5歳，5〜6歳）で絵カード条件よりも，ミニチュア（立体事物）条件で類別反応を多く引き出し，特にMA4歳以降で顕著であった。これに対して，知的障害児では，統計的に有意ではないが低MAレベル（MA2〜3歳）でミニチュア条件の効果が比較的大きく，他は材料による差異はみられなかった。これは，MA上昇に伴って，事物の持つ視覚的特徴（色）にひきずられ概念の統合化が抑制されたためと推測された。

第2章　障害児の発達・学習

5節　弁別学習と概念達成

　獲得した概念を活用し，それを媒介とした学習を幼児および児童はどのように展開しているのであろうか。ここでは，弁別学習に着目するが，それは次のような理由による。すなわち，障害の有無に関係なく，子どもが環境の変化に適応していくためには，外界の様々な刺激を区別し，各々の刺激に対し，異なる反応をすることが必要であり，ここに学習の基礎としての弁別学習の意義が存在するからである。そして，学習の難易に関して，易しい学習を弁別学習で，より難しい学習として弁別移行学習を取り上げ，知能の高低（健常および知的障害）がどのように学習に関与しているのか検討しよう。単純な弁別学習が2つまたはそれ以上の刺激間の区別を課題（図2-13）とするのに対して，より複雑な弁別移行学習は，刺激自体は変えないものの反応の側面に変化を求めるものである。

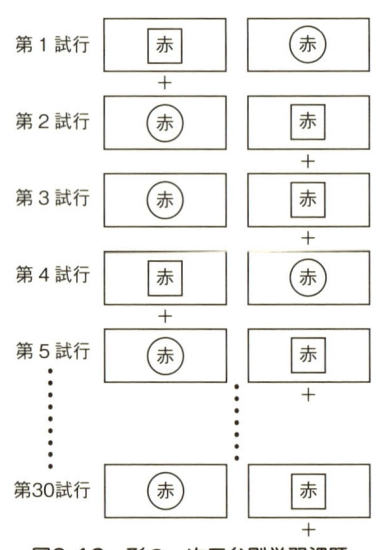

図2-13　形の一次元弁別学習課題

5節　弁別学習と概念達成

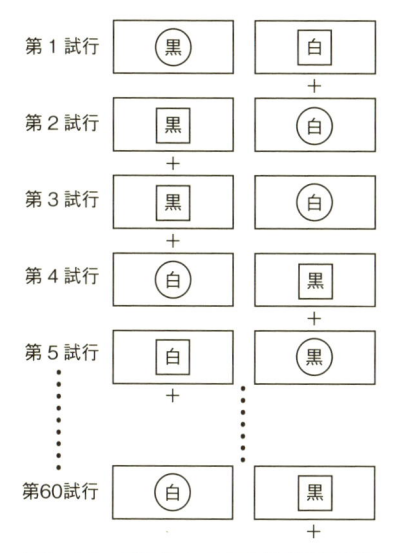

第1試行	黒	白
第2試行	黒	白
第3試行	黒	白
第4試行	白	黒
第5試行	白	黒
⋮	⋮	⋮
第60試行	白	黒

図2-14　形と色の二次元弁別学習課題

　学習過程を通して,単純に1つの適切な概念を習得する弁別学習,例えば「色」「形」あるいは「大きさ」といった一次元弁別学習および二次元弁別学習では,これまで同一MAの健常児と知的障害児の間に,学習速度に有意差が認められたり,認められなかったりする。しかしながら,特に一次元弁別学習では同一MAの健常児に比べて,それほど大きな学習速度の差異は示されていない。彼らは,試行を追って呈示される赤色の四角がまったく同一のものであり,かつ呈示位置の変化にかかわらず同一のものであると認知し,求められる適切な概念の発見および適用に成功しているのである。ところが,「色」と「形」の2つの次元を組み合わせた二次元弁別学習（図2-14）になると,概念の発見ならびに適用に至るまでに,①刺激に注意する,②黒色の四角・丸,白色の四角・丸を区別する,③刺激をイメージして内的に表象する,④その表象を維持する,⑤現在と先行の刺激を正・負刺激として区別し認知する,といった認知プロセスを生起しておく必要がある。したがって,知的障害児では,先の一次元弁別学習に比べると,この二次元弁別学習で同一MAの健常児との学習速度の違いが顕著に示されるのである。

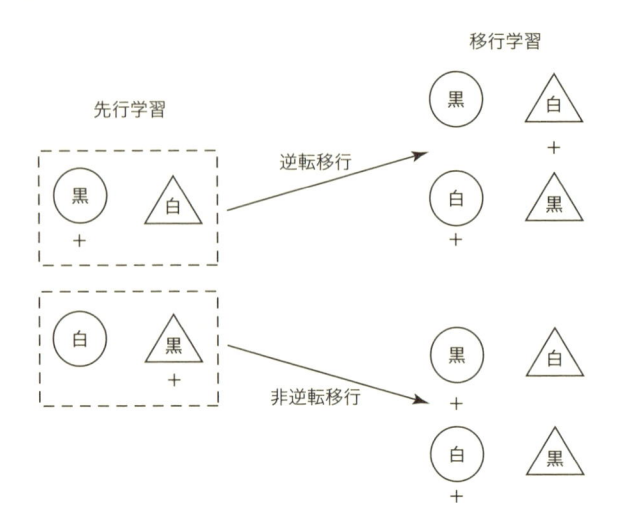

図2-15　弁別移行学習の刺激例

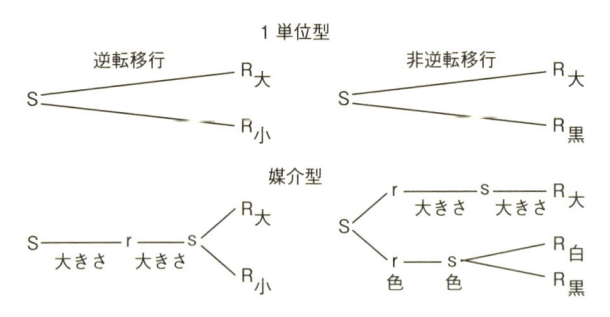

図2-16　弁別移行学習の理論的モデル（Kendler & Kendler, 1962）

　弁別学習における認知プロセスおよび概念活用の様相をより一層明らかにするために，移行事態を取り入れ2つの反応習慣の形成過程が分析検討された。この事態では，弁別逆転移行および弁別非逆転移行の2つの移行学習が考えられる（図2-15）。前者では，先行学習および逆転学習の2つの連続した試行シリーズが含まれ，呈示される刺激の正・負が学習途中に同じ次元内で逆転されるのに対して，後者は，刺激の正負が先行学習から非逆転学習にかけて異次元内で転換される。
　このように，弁別移行学習では，一次元弁別学習や二次元弁別学習と違って，

5節 弁別学習と概念達成

いったん習得した反応を踏まえて，さらに新たな反応を習得するという学習の側面が特徴として明らかになった。つまり，この学習の側面は，後続の学習が前学習によって妨害される，あるいはある仕方で促進的な効果を受ける，そうした可能性とその仕組みのことである。

健常児・者を対象にして，Kendler & Kendler（1962）は，年少児（3，4歳），中間年齢児（5，6歳），年長児（7，8歳），そして成人に対して逆転移行学習および非逆転移行学習を与え，それらの相対的難易を検討し，学習モデルを提唱した。実験の結果，年少児が逆転移行学習よりも非逆転移行学習でより優れた学習成績を示したのに対して，年長児および成人はそれとは逆に逆転移行学習で優位な成績を示したのである。そして中間年齢児は，両学習の間に成績の違いを示さず，同じような学習速度であった。このような結果を踏まえて，Kendlerらは，図2-16に示される理論的モデルを明らかにし，言語媒介仮説と命名した。すなわち，年少児は，強化された刺激に対して直接反応を結びつける単純なS-R型学習（一単位型）を行い，年長児や成人は刺激と反応を結びつける学習のプロセスのなかで正手がかりとなる色や形の次元性象徴反応という内的な反応を形成させる（媒介型）。これが媒介過程（r-s）と呼ばれるものである。したがって中間年齢児は発達的に一単位型から媒介型への過渡期に位置すると考えられた。

知的障害児を対象にして，学習の基礎としての媒介過程の特徴を検討した研究（Milgram & Furth, 1946; Sanders et al., 1968; 梅谷, 1975）によると，彼らは次元性象徴反応の形成が困難であり，言語利用の面でつまずきを有しているものの，一単位型から媒介型へと学習様式が発達的に変化するのに，同一MAの健常児に比べるとMA2〜3歳の遅れが認められた。

弁別学習における概念達成の発達的変化を検討した従来の研究は，移行事態を設定することによって，いわゆる媒介メカニズムを刺激から反応への枠組みから把握するところに特徴を持っていると言える。そして，知的障害児では概念的名辞あるいは言語的知識の活用の困難さが指摘された。これに対して，概念達成の際，彼らがどのようにそれを内的に操作しているのか，つまり反応から刺激への枠組みを通して媒介過程を検討した認知論的アプローチが成果を上げてきている（岡本, 1971；柴田, 1976）。このアプローチでは逆転移行学習

第2章　障害児の発達・学習

表2-6　次元内比較と次元間比較の課題内容例（柴田，1976）

材　料	次元内比較	次元間比較	
赤赤赤△△	丸と三角	赤と三角	赤と丸
青青△△△	丸と三角	青と三角	青と丸
△△△△△	赤と青	三角と赤	三角と青
青青赤赤赤	赤と青	丸と青	丸と赤

表2-7　発達段階の分類と従来の学習型との対応（柴田，1976）

発達段階	学習型	RS	NRS
I	未集合化の学習	1単位型学習	1単位型学習
II	1次元的学習	媒介型学習	1単位型学習
III	2次元的学習	媒介型学習	媒介型学習

および非逆転移行学習の学習機制が次のように仮定された。逆転移行学習については，先行学習で呈示される刺激の各要素が適切次元のもとに分類されて刺激集合となり，移行学習でもそのままその刺激集合を利用できる。また，非逆転移行学習では，先行学習で形成した刺激集合はもはや利用できず，まったく同一の刺激要素を用いて，他の適切次元による再集合化が行われる必要がある。このように，集合化の論理操作の観点から媒介過程を考えてみると，刺激次元に関連する刺激集合を形成し，あるいは同一刺激を用いたもう1つの刺激集合の再組織化を行い，そして排中律を適用することによって学習達成に至るのである。

柴田（1976）は，5歳代および6歳代の健常児を対象にして，逆転移行および非逆転移行に必要とされる集合化の論理的操作能力を次元内・次元間比較課題によって測定し，両能力と弁別移行学習における媒介過程とのかかわりを検討した。表2-6に示されるように，逆転移行に求められる集合化の論理操作が次元内比較によって，非逆転移行は次元間比較によって把握できると考えられた。赤赤赤△△の材料の場合，次元内比較では，同じ形の次元内で丸の数と三角の数の多少判断が行われ，次元間比較では色の次元と形の次元の間で赤の数と三角の数の多少判断および赤の数と丸の数の多少判断が行われる。

その結果，次元内・次元間比較が両方とも可能だった幼児は，次元内比較のみを達成した幼児に比べて，逆転移行学習の学習速度に差異はなかったが，非

逆転移行学習の学習速度はより有意に速かった。この結果に基づいて，従来からの行動主義的学習理論と認知論的媒介メカニズムとが，表2-7のように比較対照化された。

　知的障害児を対象として，いわゆる媒介過程に対する認知論的アプローチを試みた研究を取り上げてみよう。弁別移行学習の媒介過程に作用する次元内・次元間比較の両方を獲得した知的障害児であっても，健常児の結果とは異なり，非逆転移行学習の学習速度は次元内比較を通過した者と変わりがなかった（菅野，1984）。すなわち彼らは，あらかじめ二次元的学習の発達段階に達していると考えられたが，移行学習（非逆転移行）事態では，一次元的学習に終始したのである。この点，知的障害児の集合化の論理操作に含まれる記憶の働きおよび認知処置過程，そして集合の再組織化に伴うメタ認知的活動の困難さが考えられよう（井田・田中，1986）。

6節　学習と認知処理プロセス

　学習を定義すると，学習とは経験したり，観察したり，あるいは練習することを通して事物・事象の性質・関係および法則性を理解し，また道具・機械の操作や機能を習得している過程のことである。したがって，学習は，学習活動を支える認識過程，すなわち感覚，知覚，認知，記憶，思考などすべてが，あるいは特定の認知プロセスが関与した情報処理過程だと言えよう。そして，学習の質的変化，あるいはその深まりによって，それら認識過程の内面化や随意化，そして学習方略の多様化が認められるのである。まさに発達が密接に学習に影響を及ぼしていると言える。

　では，事物・事象の性質・関係および法則性を理解したり，道具の操作を習得したりする時，いったい各々の認識プロセスはどのように処理様式を活用しているのであろうか。その活用の仕方は発達レベルや課題の性質によって差異が認められるのであろうか。

　読み，書き，計算などの課題遂行に含まれる認知処理を，子どもはどのよう

に展開しているのか，最初に明らかにしたのは，Luria（1973）である。彼は，臨床研究を通して脳の様々な部位の損傷後に示された学習行動を観察し，脳の構造と機能について相互依存システムとして定式化した。それは，①皮質の必要なトーヌスを維持する，②感覚諸器官を通して得られる外界からの感覚情報を受容・加工・貯蔵する，③そして高次心理活動のプログラミングやコントロールを実行する，といった3つのシステムである。Luria（1973）のこれらの基本的な理論を土台にして，Das et al.（1979），Kirby & Das（1990），そして，Kirby & Williams（1991）は，注意・覚醒システム，同時・継次システム，そしてプランニングシステムを区別して，各々が相互に依存しているという神経学的システムを明らかにした。注意・覚醒のシステムは注意集中および皮質の働きに影響を与え，脳幹と下皮質に中枢の座を持つ。同時・継次処理システムは，情報入力や保存，そして変換を統制し，おもに頭頂葉や後頭葉にそれが位置する。そして情報処理の企画・制御，およびモニタリングをコントロールするプランニングシステムは，前頭皮質に中枢の座を持っている。では，このような神経学的システムを踏まえて，弁別移行学習のいわゆる媒介過程を考察してみよう。

　色と形の二次元二価の材料を用いた概念達成事態において，まず学習材料および教示（「当たりと思うほうを選んでください」）への注意（注意・覚醒システム）が働き，同時に色および形の符号化が生起する。その後，選択反応に向けたプランニングが生じ，試行の初期では，ランダムに材料の選択が行われ，試行の進みに伴って，また正と負のフィードバックを利用しながら，特定次元に基づく色あるいは形の集合操作が進む。この時，継次処理が優位に働きつつ，ある程度の試行の積み重ねによる全体集合に含まれた部分集合間の関係理解，つまり同時処理システムの作動となると考えられる。そして，移行事態に遭遇し，再び継次処理を活発に働かせつつ，移行学習に進み，逆転移行では先行学習時の部分集合と移行学習での正・負のフィードバックを通して明らかになったもう1つの部分集合との関係を同時処理し学習達成に至る。他方，非逆転移行では，先行学習時につくり上げた特定次元に基づく全体集合を継次処理と同時に同時処理を活用することによってこわし，新たな集合形成を試みなければならない。ここでは，継次処理の働きが中心になるが，排中律の適用の段階で

は同時処理システムが作動するものと考えられる。

　知的障害児の場合，同じ発達レベルの健常児とほぼ同じ認知処理システムのもとで学習が進展すると考えられるが，このシステムに含まれるメタ認知の発達や学習性動機づけの影響によって，十分にシステム自体が機能しない可能性が予想される。この点については第3章で詳しく述べることにする。

　次に，絵本の読み聞かせ事態における子どもの絵本（物語）理解の神経学的システムについて検討してみよう。絵本理解のプロセスは場面理解および場面間理解を基本にしている。まず場面理解を担うのは同時処理システムである。もちろん多くの場合，読み手の話し言葉によってより一層同時処理の活性化がもたらされよう。次に，場面間理解であるが，おもに絵本（物語）構造，すなわち起承転結および繰り返しを手がかりにしてそれは深まりをみせることになり，継次処理システムの働きが考えられる。したがって，この継次処理システムには密接にメタ認知の発達が関与していることが考えられる（田中，1992）。そして同時処理および継次処理システムの両方の働きを通して，読み聞かせ後に絵本全体の把握が完成するのである。知的障害児の絵本（物語）理解におけるメタ認知の役割については第3章で詳しく検討することにする。

7節　学習とメタ認知

　学習の質的変化を促したり，学習に関与する認識諸過程の内面化および随意化に貢献する要因の1つにメタ認知の発達が考えられる。メタ認知とは，自分の学習状態を理解し，学習方略を選択し，そして必要ならばその修正を加え進めていく一連の認知のことを意味している。したがって，メタ認知には，知識的側面および制御的側面の2つの成分が含まれていると言えよう。知識的側面には自分や他人の認知特性に関する知識，課題についての知識，そして方略についての知識などがあてはまり，制御的側面は予想・チェック・評価などを含むメタ認知的モニタリングおよび目標設定・計画・修正などに関係するメタ認知的コントロールを含む。

Flavell（1981）は，メタ認知をメタ認知的知識，メタ認知的経験，認知的営みの目的，および認知的方略の使用の4つのコンポーネントに区分している。そして，彼はこれら4つのメタ認知成分が言語的コミュニケーション，会話の理解，読解，注意，記憶，問題解決，社会認知，および自己制御といった広範囲な心的プロセスに重要な役割を果たすと考えた。すなわち子どもの日常生活における認知活動はメタ認知の発達によってコントロールされていると言ってもよいのである。

田中・田中（2000）は，メタ認知獲得の起源に着目し，就学前の発達段階（水準）にある子どもに対する母親のメタ認知的促進のかかわりの構造を明らかにしている。それによると，母親の養育に含まれるメタ認知成分として，①認知的方略の使用，②身辺自立におけるメタ認知的経験の意識化，③課題解決におけるメタ認知的経験の意識化，④認知的行為の目標の明確化，の4つが取り上げられた。メタ認知的方略の使用にかかわる母親の養育行動は，例えば「学校（幼稚園・保育所）に行く支度をする時，『…は持ったね』『…は持ったかな』と1つひとつ子ども自身に確認させる」および「絵本を読み聞かせる時，子どもに『次はどうなるのかな』『どうして……なんだろう』などと言葉をかけ，次の展開を予想させる」などである。身辺自立におけるメタ認知的経験の意識化については，「服を着替えさせる時，『はい，パンツはいて』『次はシャツを着ようね』など，着る順番を母親が言葉に出しながら着替えさせる」および「子どもに手を洗わせた時，『わぁきれいになった』『ああ気持ちいい』などと言葉をかける」などが該当する。課題解決におけるメタ認知的経験の意識化は，例えば「子どもがパズルで遊んでいて間違えた時，『どうして入らないのかな』『よく考えてごらん』などと言葉をかける」ことで促されている。認知的行為の目標の明確化については，「おもちゃなどを片付けさせる時，『お片付けしないと，次遊べないよ』などと言葉をかけて片付けしなかった場合のことを考えさせる」および「子どもに何か頼む時『お母さんの言ったこと，わかった？』『お母さんがお願いしたこと，できるかな？』などと子どもに確認する」などがその例である。これらの母親の養育行動は，健常幼児の場合，年少から年長にかけて「認知的方略の使用」の促しが増大し，「身辺自立におけるメタ認知的経験の意識化」が減少していく傾向にあった。「課題解決におけるメタ認知的経験の意識化」

および「認知的行為の目標の明確化」に関しては，健常な3歳児から6歳児の全般にわたって養育行動のなかに取り入れられていた。それに対して，知的障害児の母親は，養育行動を通してメタ認知的成分を含ませることが困難であった。

メタ認知の発達（発生）に関して親の養育のあり方が重要であり，併せて子どもが自分自身の認知行動（知覚・記憶・理解・問題解決など）を客体化し，評価・コントロールして適応行動に結びつけたり，さらに高次な認知行動へと高めることがメタ認知の発達研究から明らかにされた。そこで次に就学後，知的障害児は記憶，学習，そして算数文章題などでどのようにメタ認知的知識あるいはメタ認知的制御の特徴を示すのか検討してみよう。

知的障害児を対象にしてメタ認知の発達特性を検討した研究では，おもに記憶領域が中心にされてきた。わが国では佐藤（1984，1987）の一連のメタ記憶研究が注目されている。すなわち，同一MAの健常児と比べて，知的障害児では，再認および再生の分化に遅れが示されるものの，再生レディネス課題を用いて自己確認スキルの訓練をすると，メタ認知スキルの使用に改善（メタ認知的制御）がみられることが明らかにされた。すなわち，メタ認知の活用を促す自己教示を通した自己確認スキル訓練は，実験者によるモデリング，実験者による介助を伴う助言試行，子どもの自己遂行という3つのステップを含むものであった。メタ認知的制御の働きが，記憶学習のなかで他者とのかかわりによって影響を受けることが明らかにされたが，物語理解・記憶に対してメタ認知的制御がどのような役割を果たしているのであろうか。

田中（1992）は，予備実験でメタ認知能力の測定を行った後，物語の構造性および内容がメタ認知能力の発達とどのような関連性を有するのか実験した。物語の読み聞かせを紙芝居形式で行ない，後で絵画配列および口頭質問の2つのテストが実施された。その結果，メタ認知が十分発達している知的障害児および未発達の知的障害児は，物語の構造性や物語の内容に関係なく，前者は高得点を示し，後者はきわめて低い得点を示した。両者に比較して，メタ認知能力を発達させつつある知的障害児は，繰り返し構造を持つ物語および生活体験に即した内容を持つ物語に対して，高得点を示すことが明らかにされた。これらの結果から，繰り返し構造という物語の構成に関するスキーマが十分に活性化するように獲得しつつあるメタ認知的制御が働き，また物語の内容が実体験

可能なものであれば，既有知識を利用しやすくなりメタ認知的制御が十分機能すると議論された。

MA（精神年齢）を指標にして，発達的にメタ認知的制御の働きを絵画呈示の効果から検討した松村（1985）は，MA5歳では物語記憶に及ぼす絵画の呈示効果がみられないことを示した。これは，知的障害児では物語を読み進めていく過程で絵画呈示による新たな情報をうまく利用することの困難さを有していると考えられる。しかしながら，先に取り上げた田中（1992）の研究結果を踏まえるならば，松村の研究で対象となった知的障害児がどの程度メタ認知能力を発達させているのかが検討されていなかったことに留意しなければならない。この点については，重要な発達心理学上の課題が含まれていると考えられる。すなわち，メタ認知は認知能力（知能）とは独立して機能するものなのか，ということである。

これまで両者の関係について，Slife et al.（1985）は算数の計算問題で認知能力の等しい健常児と学習障害児（LD）を対象にして，解答の予想および結果の評価を行わせた。その結果，LD児のほうが健常児に比べて，予想および評価ともに劣っており，メタ認知の未発達さが示された。Swanson（1990）の問題解決プロセスの検討や，岡本（1991）の算数文章題の解決に及ぼす知能とメタ認知の影響に関する検討についてもSlife et al.（1985）と同じ結果が示された。

このように，認知能力およびメタ認知の分離可能性が明らかにされており，今後，特に学習活動の分析については，両者の独立した働きに注目する必要があるだろう。

8節　学習における動機づけの役割

学習と動機づけの関係を論述する前に，動機づけとは何か，心理学的なアプローチの観点から説明してみよう。

動機づけとは，日常生活を通して個人的に，また社会的に規定される「やる

気」について，客観的・価値中立的に説明される心理現象のことである。そこでは，行為の発生・持続・目標（方向性）の一連の心理プロセスが問題となる。動機づけのあり方によって，子ども1人ひとりのユニークさ，障害の有無による差異性，そして個人内差などが認識されるのである。これまでの動機づけは，3つの心理的要素，すなわち「欲求」「情動」そして「認知」（メタ認知も含む）に区分され説明されてきた。まず1つ目の欲求は，生理的欲求および心理的（社会的）欲求に示されるように，人の行為を引き起こし，持続させ，そして目標に向かわせる，非常にわかりやすい動機づけである。2つ目の情動は，恐さや楽しさなどの情動（感情）体験によって規定される動機づけである。例えば，家庭ではなく施設ですごしてきた子どもは，愛着対象を持ちにくかったりあるいは欠けていたり，対人接触や相互作用の制限下に置かれているために人との交流に対して警戒心あるいは不安感を持っているに違いない。そして，3つ目の心理的要素である認知は，行為（行動）の意味づけや価値づけにかかわり，「忘れないようにするために何回も繰り返し唱えればよい」といった認識や「こっちを選べば失敗せずにうまくいきそうだ」といった見通しのことであり，いずれも活動を動機づけるものである。

　以上のように，「欲求」「情動」そして「認知」の3つの心理的要素から動機づけを理解すると，行為の発生・持続・目標（方向性）の一連の心理プロセスの内容がわかりやすくなり，同時にそこに量的側面（強度）および質的側面（方向性）の2側面が存在していることが明らかとなる。

　次に，学習に焦点を当てて動機づけの役割について考察してみよう。

　先に感覚・知覚学習，認知学習，分類学習，そして弁別学習に着目して，発達との関係について概観した。それらは，各々独自な学習機制を持ったものであり，また異なる認識プロセスを含んだものであった。しかしながら，動機づけがどのように各々の学習に影響を持つものであるか検討しようとする時，何よりも1人ひとりの学習者（子ども）の動機づけ定位のあり方によって規定されることに気づかされるのである。すなわち，各々が相互に影響を及ぼし合っているとしても，3つの心理的要素のうち，どの要素を優位に捉えているかによって，学習への動機づけの役割が決定するのである。例えば，「人からほめられたい」「人といつまでもかかわり合いたい」という「欲求」を強く持って

いる子どもは，単純な課題であればより長い遂行を示すであろうし，課題によっては対人定位傾向のために，十分に持てる能力が発揮できなくなるかもしれない。また学習に対する自信をしっかり育てている子どもは，算数文章題を前にして，「わかっていること」「問われていること」，そしてわかりやすく「絵や図にして計算式を立てること」などの手順を踏み，答えを導き出すことができるであろう。これは，「認知（メタ認知）」という心理的要素を含む動機づけである。

　最後に，考慮しておかなければならないことは，学習にとって，最適な心理的要素は何かということであり，学習者が選択した心理的要素が学習を導くうえで適切であるか，ということである。

第3章

発達に関する発達－差異論と動機づけの問題

1節　発達－差異論争とは

　発達－差異論争とは，知的障害の分野で，同一発達レベル（MA）の健常児に比べて知的障害児の認知的パフォーマンスが劣ることに関して，低IQに起因する記憶，抽象能力，推理，そして視覚情報処理などの認知の問題（あるいはその欠陥）に由来すると主張する差異・欠陥論の立場と，発達レベル相応の認知能力を十分に発揮させ得ない動機づけの弱さ，あるいは特有な動機づけスタイルのためであると主張する発達論の立場との間に生じた論争のことである。差異・欠陥論の立場から，おもに発達レベルの指標として用いられたMA（精神年齢）の性質についての吟味，また低IQによってもたらされる動機づけからの影響を受けない認知（学習）の障害の検討という論点および課題が提起された。

　これに対して，成育過程を通して数多くの失敗を経験したり，対人相互作用のなかで身につけてきた特有な動機づけ体系およびその構造の問題が発達論の立場から主張された。そして1960年代に入ってから今日まで両立場の間で論争が続けられてきたが，特に発達論の主張は，今日，知的障害児以外の障害児にも動機づけ要因を拡大適用する傾向にある（Zigler & Bennett-Gates, 1999; Burack et al., 2012）。この点については，これまでブラックボックスとして

考えられてきた連合過程(認知処理過程)が脳科学(神経心理学)および認知科学の発展によって詳細に説明されるようになり,2群アプローチの見直しや動機づけに含まれる認知プロセス(メタ認知)の役割の検討が可能となってきたことに起因している。

2節 差異論,その論点,そして研究の歴史

　知的障害児の生来性の行動的硬さを提起し,差異・欠陥論の立場から認知的欠陥を実証したのは,Lewin(1935)である。彼らの「場の理論」を以下に示す。

①心的飽和の過程において,健常児が描画への意欲(図3-1に示される「月の顔」を描き続けようとする)と飽和(描画への興味・関心を失う)との葛藤を自由画の描画で柔軟に解決しようとするのに対して,知的障害児では「月の顔」ばかり描き続けるか,あるいは描画(自由画を含めて)をやめて他の行為に変えてしまう(表3-1)。

②中断動作の再行に関して,健常児の80％弱が,例えば描画を中断した後,積み木遊びに移り,その積み木遊び終了後,自発的に描画を再行したのに対して,知的障害児は100％再行していた。

③代償行動に関して,第1および第2課題との類似性を課題内容,手続き,材料,難易度等から規定し,代償価と再行の関係を検討したところ,健常児が79％から33％の再行率であったのに対して,知的障害児は100％から94％とほとんど変化を示さなかった。

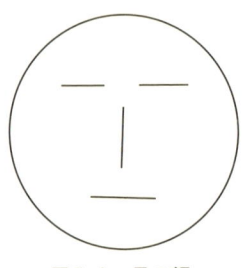

図3-1 月の顔

表3-1　健常児と知的障害児の心的飽和 (Lewin, 1935より)

年令（年）		8～9		9～10		10～11	
		知的障害	健常	知的障害	健常	知的障害	健常
飽和時間（分）	月	33	55	56	55	75	45
	自由画	8	3	3	20	2	33
	計	41	58	59	75	77	79
飽和点（分）		27	35	30	27	40	35
月の数（毎分）		4	8	7	7	7	8
100分毎の数	休憩数	30	8	30	15	23	7
	その他の道草の数	20	8	17	3	21	8

1）認知的硬さ

これらの結果からLewinらは，年齢の等しい健常児に比べて，知的障害児は，なんらかの要求のもとで緊張状態にある時，機能的な硬さや心的素材の非可動性によって，その状態がいつまでも持続してしまうと結論づけた。

Kounin（1941, 1948）は，知的障害児は，同程度の分化を有す健常児より硬いという非常に明確な実証的検討を行った。彼は分化の程度を1人ひとりの対象児のMA（発達レベル）として規定し，またLewinらの知見，すなわち硬さはCAの正の単調な関数であるという見解も取り入れて，年長知的障害者，年少知的障害児，そして健常児の3群を対象にした。おもに3つの実験が施行され，それらの実験を通して，Kouninは，次のような仮説を設定した。それはすなわち「MA（発達レベル）が同一の場合，健常児および知的障害児では

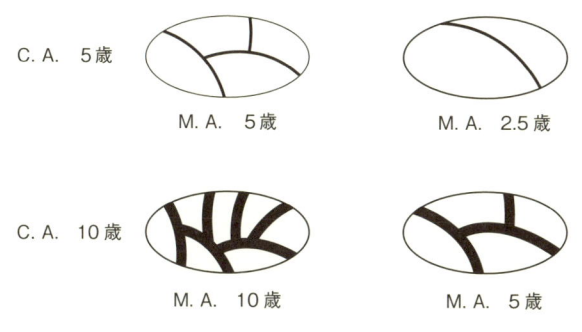

図3-2　レビン・クーニンモデルの絵画的表現（田中, 1990）

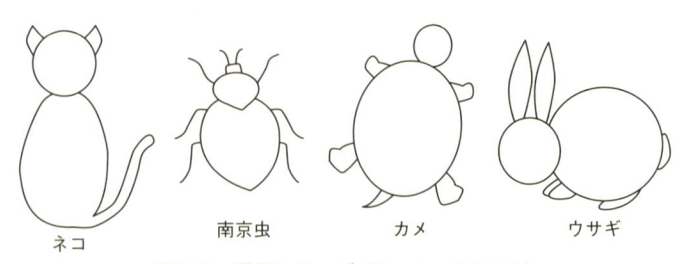

第3章　発達に関する発達－差異論と動機づけの問題

図3-3　描画シリーズ（Kounin, 1941より）

　心的構造の型および分化の程度は同じであるが，その素材が硬く隣接領域間の浸透性に欠けてしまい，全体的に流動性を少なくし，またこのことは年齢の増加とともにより顕著になる」というものである（図3-2参照）。そして心的飽和に関して，共飽和指数を用いて仮説を検討した。まず「ネコ」の絵の描画に飽きたら，「南京虫」の絵を飽きるまで描く。このような手順で「カメ」「ウサギ」と描いていく（図3-3）。ここではある事物の描画における飽和が，次の別の描画の飽和を引き起こすことを共飽和と定義した。その指数の計算式は次の通りである。

$$共飽和指数 = \frac{ネコの飽和時間 - 南京虫（カメ，あるいはウサギ）の飽和時間}{ネコの飽和時間} \times 100$$

　共飽和指数の結果を見ると，健常児はいずれも90以上であり，難易度の低い非常に簡単な描画を一度描いたら，同じような描画にはほとんど取り組まなくなることを示す。これは，心的構造の各領域間の機能的関連性が強く，他の領域に飽和の影響をもたらしやすくなると解釈された。年長知的障害者はほとんどマイナスの指数値を示し，1番目の描画よりも2番目に，2番目の描画よりも3番目の描画にというように同じような描画への取り組みがだんだん長くなり，領域間に飽和の影響をもたらさなかった（図3-4，表3-2参照）。

　パーソナリティに関係する差異・欠陥論については，わが国において堅田（1968）がLewinおよびKouninと異なる方法論を用いて検討している。彼は，硬さ（rigidity）の概念は，複雑な経過と語義を持つとして，「移行性」という用語を使用し，その指数を固執の程度で測定した。そして，知的障害児の学習

2節　差異論，その論点，そして研究の歴史

図3-4　3群の共飽和（Kounin, 1941より）

凡例：
- 年長知的障害児
- 年少知的障害児
- 健常児

1 ＝ネコの飽和時間
2 ＝南京虫の飽和時間
3 ＝カメの飽和時間
4 ＝ウサギの飽和時間

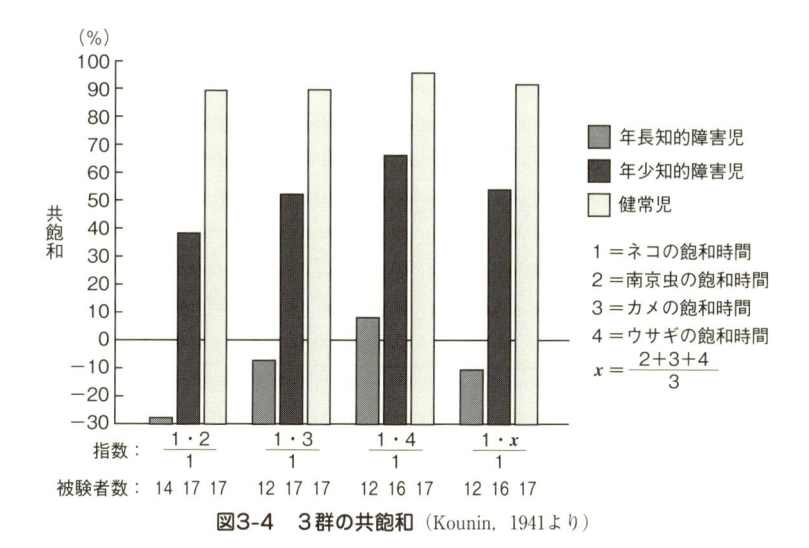

$$x = \frac{2+3+4}{3}$$

指数：$\frac{1\cdot 2}{1}$, $\frac{1\cdot 3}{1}$, $\frac{1\cdot 4}{1}$, $\frac{1\cdot x}{1}$

被験者数：14 17 17　12 17 17　12 16 17　12 16 17

表3-2　3群の平均共飽和（Kounin, 1941より）

被験者	飽和時間							
	ネコ－南京虫 / ネコ		ネコ－カメ / ネコ		ネコ－ウサギ / ネコ		ネコ－（南京虫＋カメ＋ウサギ）/ ネコ	
	数	%	数	%	数	%	数	%
年長知的障害児	14	－28	12	－8	12	8	12	－10
年少知的障害児	17	39	17	52	16	66	16	54
健常児	17	90	17	90	17	96	17	92
年長知的障害児－年少知的障害児	―	67	―	60	―	56	―	64
T検定	―	3.9	―	3.3	―	2.3	―	3.3
年長知的障害児－健常児	―	118	―	98	―	88	―	102
T検定	―	7.6	―	6.2	―	4.0	―	6.0
年少知的障害児－健常児	―	51	―	38	―	30	―	38
T検定	―	6.2	―	4.5	―	3.2	―	5.1

欠陥の原因の1つに移行性の低さを取り上げ，特に，失敗場面を適用することによって類型論の観点から検討した。この実験では「カード分類テスト」「置き換えテスト」「棒さしテスト」といった3つのテストが適用された。特に，カード分類テストを用いた実験では，形または色の分類基準によってカードを分類した後，大きさの基準での分類を課し，先の分類作業の固執性が検討され

たが，両作業間に挿入された失敗経験および非失敗経験の影響に焦点が当てられた。その結果，非失敗経験の場合，健常児の移行性は高かったが，失敗経験後，健常児と同じように知的障害児は固執の程度を高め，学習成績を低下させた。これは，失敗経験によって生じるストレスが移行性を低下させ，分化が縮小したためであると議論された。そして，移行性については，課題の材質およびそれに応じた心的領域の分化度が関与しており，また類型論から外因性知的障害児が健常児および内因性知的障害児の移行性と異なることが明らかにされた。

以上のように心的構造における認知的硬さあるいは移行性の低下を特徴とする知的障害児では，学習欠陥や学習の遅れを容易に示すことが予想される。

2）注意欠陥

差異・欠陥論の立場から低IQ欠陥に基づく注意過程のコントロール（観察反応）の問題を取り上げて，知的障害児の学習特徴を明らかにしたのは，Zeaman & House（1963）であった。彼らは，図3-5に示されるような逆向学習曲線を分析して，弁別学習過程における観察反応と道具反応の2つの成分

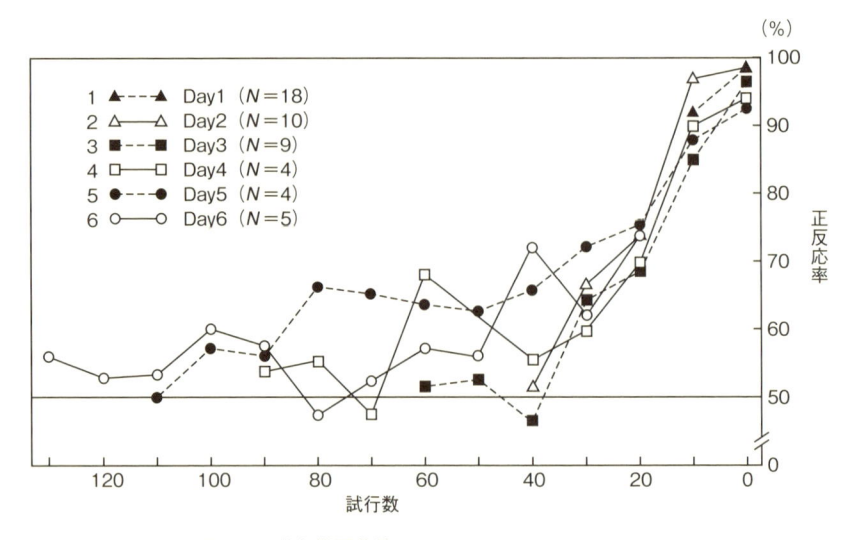

図3-5　逆向学習曲線（Zeaman & House, 1963より）

を見出し，前者の反応コントロールの不全が知的障害児の特徴であるとした。すなわち，健常児に比べて，知的障害児のほうがチャンスレベルの部分がより長く，適切次元に注意を向け学習の手がかりを見つけて道具的反応に結びつけることに困難がある。

　この注意欠陥説をわが国で検討したのは，浜重（1973, 1975, 1980）である。彼女は，特に次元偏好性を用いて注意説の妥当性を実験的に検討している。注意しやすい次元（優位次元）および注意しにくい次元（非優位次元）を事前に調整し，二次元二価の弁別課題で，知的障害児は非優位性次元が適切次元の時，著しく学習成績を低下させた。松村（1981）は，注意過程のコントロールを柔軟に行うため，多次元刺激を各次元で分類させる訓練を適用して，学習の改善を行い，一定の効果を上げている。さらに松村ら（1987）は，弁別学習の初期の段階での適切次元への観察反応の困難さについて，記憶要因の影響にも着目した。知的障害児は，言語認識の発達機能が未発達であり，学習材料の言語的符号化および学習達成に向けての記憶方略の形成を困難にしてしまう。これは，弁別学習の際，適切次元へ注意することと同時に，正しい手がかりを維持すること（田中・菅野，1984）の両方に影響を及ぼす。

3）短期記憶欠陥

　知的障害児の記憶の問題について，先に神経生理および中枢神経系の働きにかかわる生物学的構造の不全による短期記憶欠陥（Ellis, 1963），あるいは数列記憶欠陥（Spitz, 1973）が指摘され，後に記憶方法（方略）の障害が取り上げられた。短期記憶欠陥に関して，おもに中枢神経系に障害を持つ知的障害児は，環境的な刺激痕跡が持続時間の点で短く，そのため記憶痕跡の弱さを持つと考えられた（図3-6）。一方，数列記憶欠陥では，記憶材料に対する符号化，体制化，あるいは注意方略の不適切さが指摘された。今日では，記憶方略の障害は，リハーサル（Bray & Turnure, 1986），体制化（松村・小川，1983），そして精緻化（松村，1984）に区別され，短期記憶から長期記憶への情報の転送の困難さとして示唆されている。このような記憶方略の活用の問題に対して訓練が導入された（Burger & Blackman, 1976 ; Engle et al., 1980 ; 松村・小川，1983）が，般化までには至っていない。この点について，般化の困難さを分析

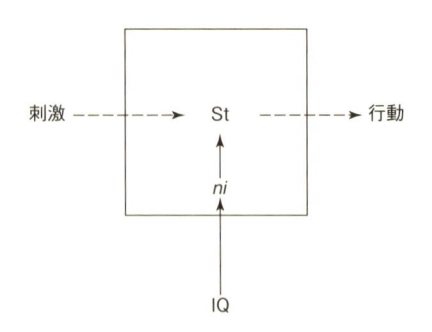

第3章　発達に関する発達－差異論と動機づけの問題

```
       ┌─────────────────┐
       │                 │
刺激 ----→      St     ----→ 行動
       │        ↑        │
       │       ni        │
       │        ↑        │
       └────────┼────────┘
                IQ
```

図3-6　刺激痕跡モデル（田中，1990）
Stは刺激痕跡，*ni*は中枢神経系の統合度を表わす．

した結果，自発的な記憶方略の不活用の原因は，メタ記憶の未発達さにあると考えられている。すなわち人間の認知特性，課題，そして課題解決方略についての知識を含むメタ認知的知識，認知についての気づき，予想・点検・評価にかかわる認知的モニタリングおよび目標設定・計画・修正にかかわる認知的コントロールを含めたメタ認知的活動が十分に発達していないか，あるいは活性化までに至っていないのである。

　記憶を含めたメタ認知の発達について，その発生の観点から調査研究を行った田中・田中（2000）は，前述したように次のような結論を得た。健常幼児の母親が認知的方略の使用を促したり，子どもの加齢に伴って身辺処理でのメタ認知的経験の意識づけを減少させるのに対し，知的障害児の母親は，方略使用および認知的行為の目標の明確化への働きかけをほとんどせず，必要であるにもかかわらず，身辺処理でのメタ認知的経験の意識づけをCAおよびMAが高いというだけで行っていなかった。このように養育の段階で知的障害児のメタ認知の発達が制限されていた。表3-3は調査項目および因子分析結果を，表3-4は各因子得点を表すものである。

4）言語媒介欠陥

　次に，学習機制の特徴として言語機能（言語的な媒介統制）に焦点を当てた諸研究を概観してみよう。

　知的障害児の学習機制を言語媒介欠陥として特徴づけた研究の多くは，

2節　差異論，その論点，そして研究の歴史

表3-3　各項目ごとの回転させた因子負荷行列（田中・田中，2000）

質問内容	因子負荷量				共通性
	因子Ⅰ	因子Ⅱ	因子Ⅲ	因子Ⅳ	A・At
1．衣服の着脱，排泄，食事，などの身辺自立に関して，子供がきちんとできたときには「よくできたね」「上手にできたね！」「できた！」「お利口さん」などといって褒める。	.038	.699	.163	.089	.524
2．何か新しいことをさせるときには，「できるかな？」「難しい？」「どこまでできるかな？」などと子供に尋ねる。	.247	.378	.249	.213	.323
3．子供がパズルで遊ぶ時，「これはどこに入るのかな」「あれ，おかしいな」「何か変だぞ」などと言葉をかける。	.179	.3	.645	.121	.552
4．子供が朝起きて洗顔をしないときには，「起きたら何をするのかな」などと言って促す。	.373	.102	.298	.171	.267
5．衣服の着脱，排泄，食事，などの身辺自立に関して，子供が間違って行なおうとしているときには，「（例えば着衣に関して）どうして頭がでないのかなあ」「どうしたらいいのかなあ」などと言葉をかける。	.202	.489	.365	.06	.416
6．子供とパズルで遊ぶとき，「こうかな」「違うな」「あ，こうだ」などと言いながら，お母さんも実際にやってみせる。	.263	.27	.656	.087	.58
7．洗顔した後，子供に「わあ，きれいになった」「ああ気持ちいい」などと言葉をかける。	.14	.548	.229	.095	.381
8．衣服の着脱，排泄，食事，などの身辺自立に関して，子供が間違って行なおうとしているとき，「あれ，おかしいぞ」「何か変だぞ」「（洋服が）うまく着られないなあ」などと言葉をかける。	.181	.563	.412	.065	.524
9．衣服の着脱，排泄，食事，などの身辺自立に関して，子供が失敗したときには「あ，失敗しちゃった」「間違えちゃった」「おかしいな」などと言葉をかける。	.138	.562	.371	.176	.504
10．おもちゃなどを子供が片付けたときには「きれいになったね！」「ああいい気持ち」「良く出来たね」などと言って褒める。	.076	.389	.37	.396	.451
11．子供に「…しなさい。今は…するときよ」などと言葉をかける。	－.03	.087	.088	.434	.205
12．子供がパズルで遊ぶとき，子供がピースを正しい位置にはめたり，パズルを完成できたら「やった！」「出来たね！」などと言葉をかけて褒める。	.126	.181	.626	.231	.496
13．おもちゃなどを片付けさせるとき，「お片付けしようね」と促す。	.031	.277	.271	.492	.393
14．学校（幼稚園・保育所）に行く支度をするとき，「…は持ったね」「…は持ったかな」と，一つ一つ子供自身に確認させる。	.413	－.05	.18	.352	.33
15．子供がパズルで遊んでいて間違えたとき，「どうして入らないのかな」「良く考えてごらん」などと言葉をかける。	.209	.185	.65	.37	.638
16．朝，子供に「今日は学校（幼稚園・保育所）で何するのかな」などと，その日にすることを尋ねたりして，一日の見通しを立てさせる。	.487	.246	.109	.192	.346
17．子供が失敗しそうなときには，「それでできるかな？」「ちょっとおかしいんじゃないかな」「別のやり方はないかな」などと言葉をかける。	.283	.259	.243	.404	.37

第3章　発達に関する発達－差異論と動機づけの問題

18. おもちゃなどを片付けさせるとき，「お片付けしないと，次に遊べないよ」などと言葉をかけて，片付けをしなかった場合のことを考えさせる。	.258	.062	.193	.564	.426
19. 子供に何か頼むとき，「お母さんの言ったこと，わかった？」「お母さんがお願いしたこと，できるかな？」などと子供に確認させる。	.307	.124	.163	.54	.428
20. 子供が失敗したときには，「どうしたらいいのかな」などと言葉をかけ成功するにはどうしたらよいかを子供に考えさせる。	.448	.134	.292	.381	.449
21. 何かをしなければならないときには，「今から何をするのかな」「今は何をするときですか」などと言葉をかけ，子供に何をすべきなのかを考えさせる。	.398	.032	.212	.44	.398
22. イベントがある日などは，子供がよく見るカレンダーなどに印を付けておくようにする。	.56	.039	.094	.008	.325
23. 子供にものを覚えさせるときには，その事柄を繰り返して言わせて覚えさせる。	.368	.222	－.15	.399	.365
24. 子供に手を洗わせた時，「わあ，きれいになった」「ああ気持ちいい」などと言葉をかける。	.159	.67	.167	.189	.536
25. 次の日の持ち物を，忘れないように目につくところに置いておくようにさせる。	.464	－.01	.167	.26	.311
26. 絵本を読み聞かせるとき，子供に「次はどうなるのかな」「どうして…なんだろう」などと言葉をかけ，次の展開を予測させる。	.445	.273	.22	.094	.329
27. 子供が騒ぐときには，騒いではいけない理由を言い聞かせて叱る。	.271	.206	.096	.352	.249
28. 雨が降りそうな日には，かさを持っていくかどうか，子供に尋ねる。	.494	.022	.124	.073	.265
29. 次の日の持ち物を，子供に確認させるようにする。	.643	－.14	.081	?	.479
30. 子供にものを覚えさせるときには，お母さんがその事柄を繰り返して言い，子供に確認させる。	.321	.266	－.08	.419	.355
31. 服を着替えさせるとき，「はい，パンツをはいて」「次はシャツを着ようね」など，着る順番をお母さんが言葉に出しながら着替えさせる。	－.07	.532	－.06	.044	.293
32. イベントがある日などは，カレンダーなどに印を付けさせて「これは何の日かな？」などと子供に尋ねたりする。	.703	.073	.052	.015	.503
33. 子供が忘れそうなことは，何度も子供に聞いて，思い出させて確認させる。	.6	.057	.006	.39	.515
34. 衣服の着脱，排泄，食事などの身辺自立に関して，子供がきちんとできたときには，頭を撫でたり，拍手をしたりして褒める。	.009	.684	.107	.207	.523
35. テレビを観ているとき，子供に「次はどうなるのかなあ」「どうして…なんだろう」「きっとこうなるよ」など，次の展開を予想するような言葉をかける。	.499	.223	.132	.091	.325
36. 買い物にいく時には，子供の前で買うものを繰り返し言って確認する。	.476	.13	.082	.083	.257
寄与量	4.56	3.979	3.058	3.031	14.63
変動割合	31.2%	27.2%	20.9%	20.7%	100.0%
寄与率	12.7%	11.1%	8.5%	8.4%	40.6%

表3-4　各群の因子得点の平均および標準偏差 (田中・田中, 2000)

	因子			
	I	II	III	IV
健常高群	.18 (.97)	－.50 (.93)	.21 (1.00)	.17 (1.14)
健常低群	－.16 (1.04)	.27 (.82)	.17 (.87)	.17 (1.05)
遅滞CA高群	.45 (1.09)	－.61 (1.32)	－.27 (1.35)	－.33 (1.44)
遅滞CA中群	－.21 (1.24)	.29 (1.18)	－.23 (1.24)	－.28 (1.31)
遅滞CA低群	－.31 (1.24)	.68 (.97)	－.25 (1.53)	－.10 (1.07)
遅滞発達高群	.42 (1.12)	－.94 (1.39)	－.33 (1.45)	－.28 (1.19)
遅滞発達低群	－.16 (1.21)	.32 (1.13)	－.18 (1.32)	－.20 (1.31)

（　）内は標準偏差

　Kendler & Kendler（1962）の学習二段階説をモデルとしている。彼らは健常な幼児から児童までを対象に逆転および非逆転の２つのタイプの移行学習（第２章図２-15参照）を適用し，５〜６歳を過渡期として非逆転学習優位から逆転学習優位へ変化することを見出した。これは単一S-R理論から媒介S-R理論活用の学習様式（第２章図２-16参照）への段階移行であると指摘した。Kendlerらの言語媒介仮説を知的障害児に当てはめたところ，一単位型様式から媒介型様式への移行が健常児に比べてMA2〜3歳程度遅れることが見出された（梅谷，1975；梅谷ら，1977；喜多尾・梅谷，1981；喜多尾ら，1986）。そして，同一MA水準の健常児に比べて，知的障害児の学習機制の発達的遅滞が媒介欠如（欠陥）として説明されたのである。

　言語的知識および概念名辞を媒介過程にあてはめ，知的障害児の学習特性を媒介欠如として検討した研究知見に対して，媒介機序を集合化の論理操作の観点からアプローチし，彼らの学習特性がよりダイナミックに明らかにされてきた。まず菅野（1985）は，弁別移行学習の前に第２章表２-6に示されるような次元内・次元間比較課題を与え，前者を逆転移行に必要な操作能力と考え，後者を非逆転移行に求められる集合化の論理操作と仮定した。すなわち，逆転

移行学習では、各刺激要素を1つの適切次元に注目して分類し、先行学習で形成した刺激集合を移行学習でもそのまま利用し、排中律に従って反応することができる（一次元的学習）のに対して、非逆転移行学習では先に形成した集合を消去し、移行学習でもう1つの適切次元に注目して新たな集合を再組織（同一刺激を用いた集合の組み替え）しなければならない（二次元的学習）。

その結果、予想した通り次元内比較課題を達成した知的障害児は、非逆転移行学習に比べて逆転移行学習のほうで、優位に基準達成試行数が少なかった。しかしながら、次元間比較課題に成功し二次元的学習を進めることが可能だと思われた知的障害児では、予想と違って、非逆転移行学習の達成試行数が逆転移行学習に比べて同程度にはならず、逆に多くなってしまった。この点、知的障害児の場合、二次元的学習を遂行するために必要な言語叙述機能（田中，1990）を有していたとしても、集合の再組織における記憶要因（田中・菅野，1984）の問題の影響が大きく作用したと考えられる。

学習における媒介機序を認知論的に集合化の論理操作の観点から説明した先述の研究は、健常児を対象にした柴田（1976）の研究と同じ方向性をも持ったものである。

3節　発達論，その論点，そして研究の歴史

知的障害児が生来的に低IQ欠陥、すなわち認知的硬さ、短期記憶欠陥（メタ記憶障害）、注意欠陥、あるいは言語媒介欠陥などを有しているという差異・欠陥論からの主張に対して、Ziglerらを中心とする発達論的立場に立つ研究者たちは、知的障害児が、成育過程で身につけた特有な動機づけ機能やその構造を取り上げ、それらが十分に組織されるなら、彼らは到達した発達レベル相応の能力を発揮し、健常児と同等なパフォーマンスを表すと主張した。

Zigler（1969）は、図3-7に示されるように、知的障害児（IQ66）の発達は健常児（IQ100）および英才児（IQ150）に比べて、発達の速度が遅く、発達期（誕生〜14-20歳まで）の間に到達する発達段階が低く、ある特定の発達段階（例

3節　発達論，その論点，そして研究の歴史

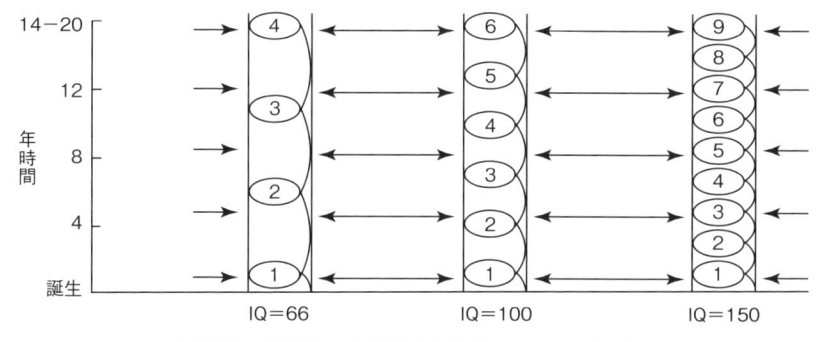

図3-7　ジグラーの発達モデル（Zigler, 1969より）
垂直矢印は，生活年齢を示す。水平矢印は，一組の垂直線で示されている個人に及ぼす環境の影響を示す。認知発達は，連続的「階段」を表す番号のついた環を伴う，内部の上昇螺旋によって示される。

えば，図3-7に示される「4」段階）で三者がマッチングされる時，彼らの間には認知パフォーマンスの差異が示されない，と主張したのである。そして，彼は，同一の発達レベルにもかかわらず，健常児に比べて，知的障害児の成績が劣るなら，それは後者の動機づけ低下の問題によって生じているだけであり，けっして低IQ欠陥を反映するものではないと考えて，以下に示すような種々の動機づけ要因の実証的検討を重ねてきた。

1）社会的剥奪仮説

認知的硬さ行動（Lewin, 1935；Kounin, 1941, 1948；堅田, 1968）に対して，社会的剥奪仮説を提起し，それが後天的に形成された知的障害児の特異な動機づけ特性の反映であると批判したのがZigler et al. (1958) であった。彼らは，2部構成からなる単純飽和課題を用いて，知的障害児が支持条件下（「よくできる」「やり方をよく知ってる」など）では統制条件下に比べて遂行時間を長くし，第1部に比べて第2部での遂行時間をより長くすることを見出した。つまり，図3-8に示されるように，「ペグさし」および「棒当て」の2つの課題ともに，健常児が支持条件および統制条件間に共飽和率の違いを示さず，同時に両条件ともにプラスであるのに対して，知的障害児は支持条件下でマイナスの値を示した。また遂行時間に関しても図3-9に示されるように，知的障害児では同じようにペグさしおよび棒当ての両課題で第1部から第2部にかけて

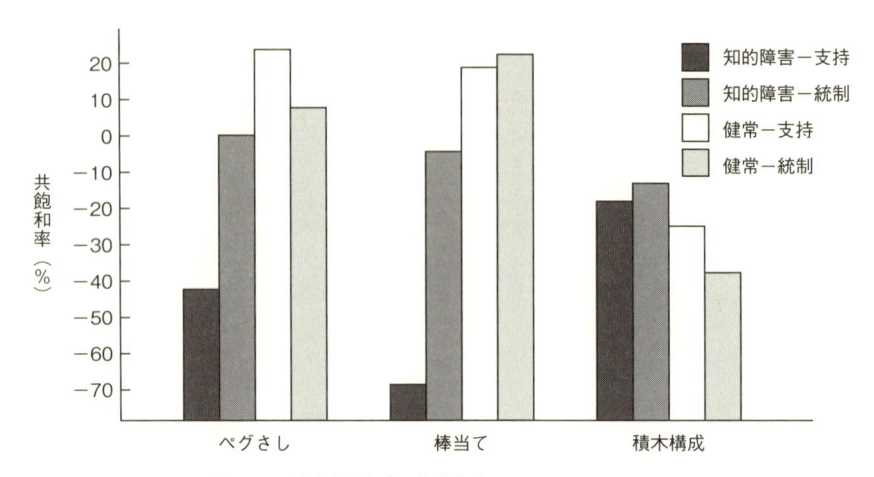

第3章 発達に関する発達－差異論と動機づけの問題

図3-8 飽和課題での共飽和率（Zigler et al., 1958）

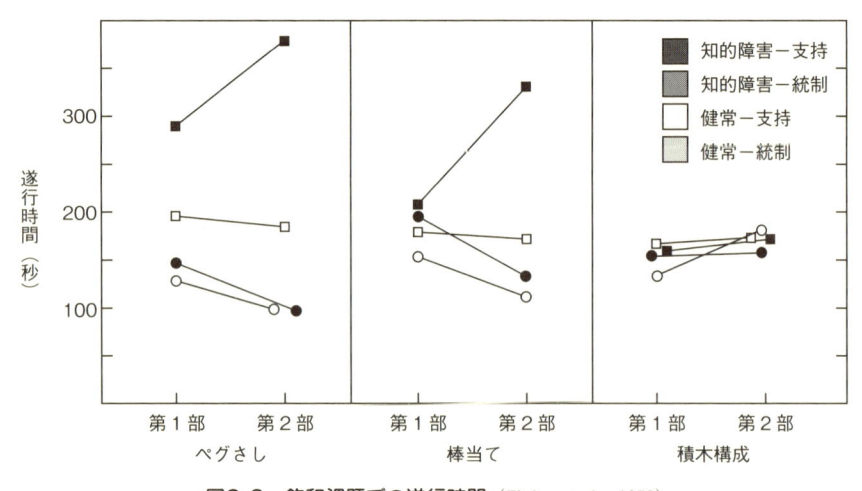

図3-9 飽和課題での遂行時間（Zigler et al., 1958）

より長い時間を示した。彼らは，このような研究結果に基づいて，知的障害児が単純な作業を繰り返すのは生来的な心理構造の硬さによるためでなく，大人との相互作用や大人からの是認を求める欲求（動機づけ）が高いためであると結論した。

Ziglerらの研究の理論的支柱になったのは，ホスピタリズム（施設症），アタッチメント（愛着），あるいはマターナルディプリベーション（母性剥奪）といった子どもの成長および発達に及ぼす発達環境要因に関連する研究知見の数々であった。いずれにも共通しているのは，愛着対象を失ったり，一貫して安定した対人交流を欠いてしまうことによって主体性や自発性の後退，無気力，共感性の欠如，そして恐れや過度の警戒に陥るということである。わが国では加藤（1971）が施設収容および家庭在住の知的障害児の2群を対象にして飽和課題を与え，社会的遮断の程度といわゆる硬さ行動（社会的強化への反応性）との関係を検討している。社会的遮断の程度は，家庭（施設収容の場合，収容前の家庭）における親の収入，遊具の数，本の数，そして親の学歴などから測定され尺度化された。その結果，高遮断群と判断された施設収容の知的障害児のほうが，低遮断群の家庭在住の知的障害児に比べて，①マーブル入れ飽和課題での遂行時間を長く示し，②社会的強化の効果をより顕著に示すことが明らかにされた。

2）正と負の反応傾向仮説

　社会的剥奪仮説を検討するなかで，Ziglerらは，2部構成からなる飽和課題において，第1部から第2部にかけて大きく遂行時間を長くする知的障害児の存在に気づいていた（Shallenberger & Zigler, 1961）。そして，発達環境が制限されたなかで子どもたちに大人との相互交渉に関する恐れや警戒心も形成されることを考え合わせて，知的障害児には大人（実験者）の教示によって開始されたり，相互交渉の内容を持つ課題遂行に対して，是認欲求と併せて警戒心や不安といった2種の動機づけ機能が含まれると考えた。先の飽和課題での遂行，つまり第1部から第2部への遂行時間の長さは第1部での遂行を通して警戒心や不安（負の反応傾向）が低減し，第2部に至ってより実験者（大人）との相互交渉に対する動機づけが強くなった（正の反応傾向）のではないだろうか。この正と負の反応傾向仮説については，Weaver et al.（1971）およびBalla et al.（1971）が実験的に検討し，負の相互作用，つまり課題遂行での失敗と不承認のあとで知的障害児は警戒的になり，正の相互作用のあとでそれを低減させることを見出した。

第3章 発達に関する発達−差異論と動機づけの問題

　わが国で正と負の反応傾向仮説を学習行動と関連づけて検討したのは今野（1977）である。彼は対連合（記憶）学習の前に成功経験を施し，負の反応傾向を低減させ，学習過程を通して社会的強化（「よくできる」「やり方をよく知っている」「正しい」）を与えることによって正の反応傾向を充足させる試みを取り入れた。その結果，発達レベル9歳代の知的障害児における成功−社会的強化条件群は無成功−無強化条件群および無成功−社会的強化条件群に比べて全正反応数が多く，学習の早い段階から正反応数を高める学習曲線を示し，併せて同じ発達レベルの健常児と同程度の成績を示した。しかしながら，健常児では知的障害児に見出された実験的操作の効果は示されず，どの条件群も同程度の全正反応数および同様な学習曲線が示された。図3-10は知的障害児（施設）における学習曲線を示す。また図3-11（施設）および図3-12（家庭）は健常児の結果を示す。

　このような結果から，知的障害児は持てる学習の力を十分に発揮し，同じ発達レベルの健常児と同程度の成績を表すために，まず負の反応傾向を低減して学習の構えをつくっておくことが重要であり，そのうえで記憶方略の活用に向

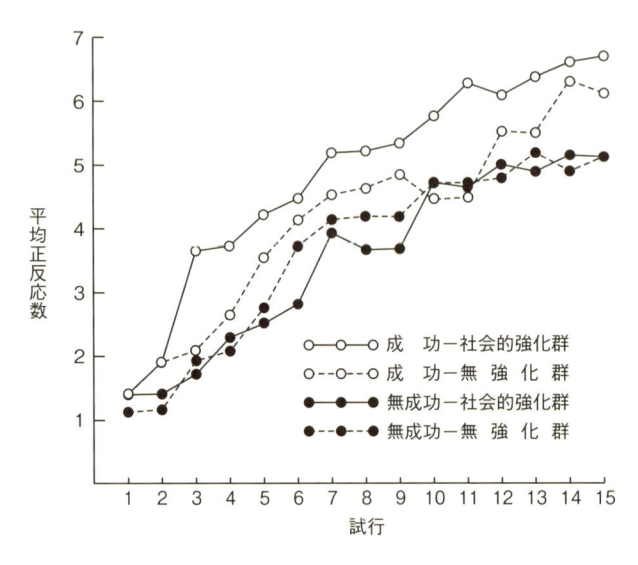

図3-10　知的障害児（施設）の学習曲線（今野，1977）

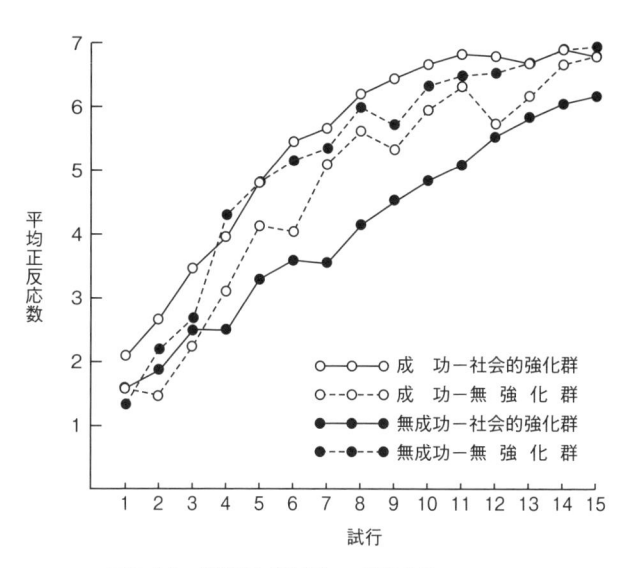

3節 発達論,その論点,そして研究の歴史

図3-11 健常児(施設)の学習曲線(今野,1977)

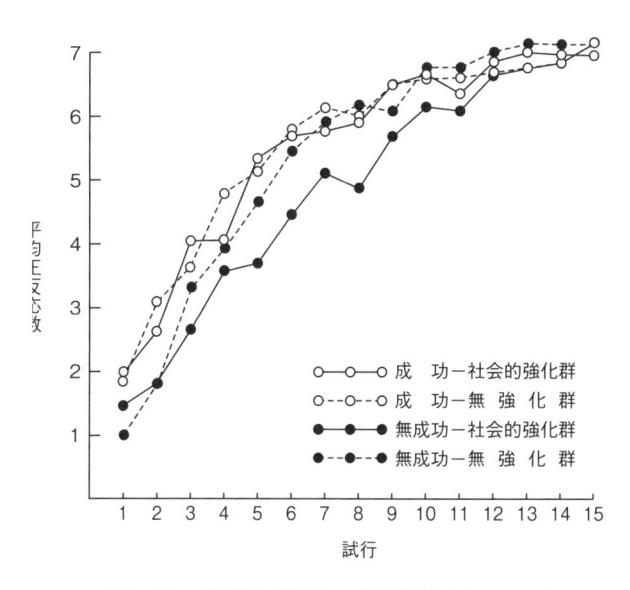

図3-12 健常児(家庭)の学習曲線(今野,1977)

け，学習の志向性を高める社会的強化（正の反応傾向の充足）が必要になると議論された。ただ，今野（1977）の研究では対連合学習での詳細な記憶方略の分析までは十分に行っておらず，知的障害児が動機づけを高めることによって，はたして健常児と同じような学習プロセスを踏んでいるのか，今後の検討課題として残された。この点，次節で取り上げる新たな論点としてのメタ認知のなかで詳しく述べる。

3）強化子の階層仮説

一般に，子どもは学習に向けて何らかの報酬を期待し，また養育あるいは教育関係者は特に学習の結果が好ましいものであった時に，「よくできた」「がんばった」「すごい」などの言葉とともにシールやミニカーなどの褒美を与える。この学習およびその結果を繰り返すなかで，子どもは学習活動への動機づけとして物的強化あるいは社会的強化を期待したり，その役割を強く自覚するようになる。生育過程を通して，失敗経験が多く，成功経験によって達成感や有能感を育てにくいままの知的障害児では，健常児と違って社会的強化子よりも物的強化子を与えられるほうが学習に対する注意集中を高めると予想される。Zigler & Unell（1962）およびZigler & DeLabry（1962）は弁別学習や概念学習で言語的強化（「うまい」「すばらしい」「その調子」など）を用いると，知的障害児が概念達成あるいは概念の転換をスムーズに行うことを明らかにした。このような結果は，低SES（Social Economical Status）の健常児にも同様な結果が示された。また知的障害児は，正答を表す言語的強化（「正しい」「あたり」など）に比べて，賞賛を含む言語的強化（「うまい」「上手」「よくやった」など）のほうで学習効果を高めるという研究結果も示されている（Zigler & Kanzer, 1962）。これらの諸知見を概観してみると，物的強化あるいは社会的強化によって，知的障害児は，学習に対する注意水準を高め，そのことが彼らの発達段階相応の認知的反応を喚起し，学習志向に至ると考えられる。この点については，本章の5節で取り上げる新たな論点としてのPASS理論のなかでより詳しく述べる。すなわち神経心理学のなかで明らかにされた情報処理プロセスのうち，最も初期の段階である「注意・覚醒レベル」のなかに次の段階である「プランニング」の心的操作が準備され，学習の企画へとつながってい

るのである。

4）成功の期待仮説

　前述したように，大人（実験者）からの正答を知らせる言葉（例えば「正しい」）よりも，遂行への賞賛を表す言葉（「上手」「うまい」）に注意を集中する知的障害児の動機づけ特性には，彼らが健常児のように学習達成そのものをめざした遂行プロセスを踏んでいないということが含まれていよう。このことは，失敗経験後に健常児は課題達成レベルを上昇させるのに対して，知的障害児の多くはそれを降下させてしまうというCromwell（1963）の研究結果とも一致している。すなわち，知的障害児は失敗を繰り返し経験してきており，学習あるいは問題解決に直面した時，100％の解決をめざすというよりも，より低率の解決の程度に満足してしまうという特異な動機づけ特性を有していると考えられる。

　この成功の期待仮説については，図3-13に示される実験装置を用い，部分的な間歇強化を施す三者択一の位置弁別（確率）学習課題により検討されてきた（Stevenson & Zigler, 1958；Weir, 1964；Gruen & Zigler, 1968；Gruen et al., 1974；田中，1979）。

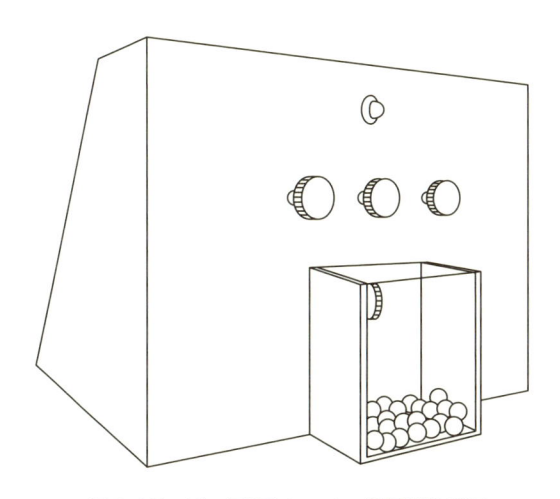

図3-13　ビー玉落としによる課題解決装置

第3章　発達に関する発達－差異論と動機づけの問題

　田中（1979）によると，健常児が試行を通して間歇強化を施される位置へのボタン反応（ここでは正反応とラベリングされる）が少なく（図3-14），位置交替パタン反応（右中左あるいは左中右）が多く（図3-15），そしてWin-Stay方略およびLose-Stay方略の活用が少ない（表3-5および表3-6）のに対して，

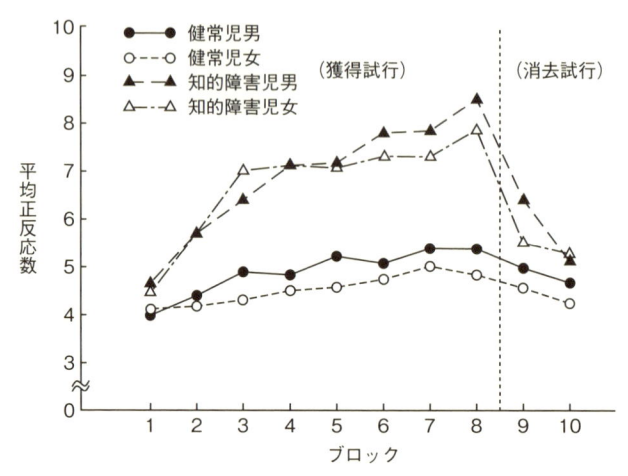

図3-14　10ブロックの平均正反応数（田中，1979より）

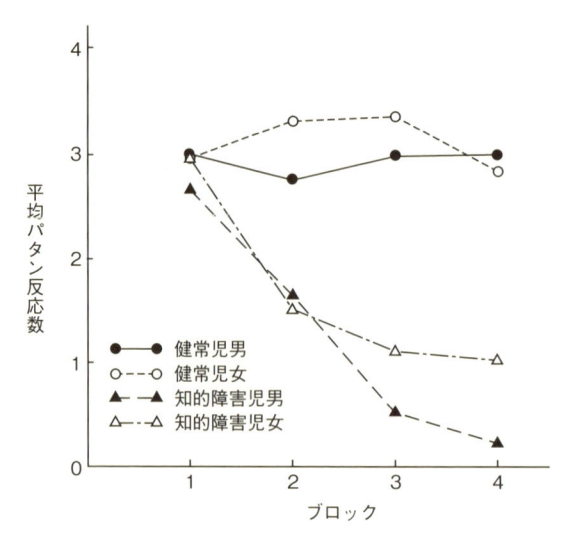

図3-15　4ブロックの平均パタン反応数（田中，1979より）

3節　発達論，その論点，そして研究の歴史

表3-5　Win-Stay率の平均値およびその差の検定（田中，1979より）

	男子	女子	検定
健常児	24.1 (22.9)	20.5 (15.1)	n.s.
知的障害児	66.2 (31.8)	63.1 (31.6)	n.s.
検定	**	**	

・単位は％，（　）内はSD
・t検定による（コクランコックス法）
　＊＊：$p<.01$，n.s.：有意差なし

表3-6　Lose-Stay率の平均値およびその差の検定（田中，1979より）

	男子	女子	検定
健常児	20.1 (21.3)	14.4 (15.4)	n.s.
知的障害児	58.8 (33.1)	52.1 (37.8)	n.s.
検定	**	**	

・単位は％，（　）内はSD
・t検定による（コクランコックス法）
　＊＊：$p<.01$，n.s.：有意差なし

表3-7　本研究の実験デザイン（田中，1979より）

実験段階	被験対象（MA7，8歳の健常児および知的障害児）		
Ⅰ	確率学習		
	約1か月の間隔		
Ⅱ	健常児，知的障害児各々8名の3群に分類		
	成功条件群	失敗条件群	統制群
	成功経験1	失敗経験1	特別の経験はしない
	〃　2	〃　2	
	24時間の間隔		
	成功経験3	失敗経験3	
	確率学習		

（注）1 実験課題群の場合（各条件8名），成功・失敗経験は1のみである。

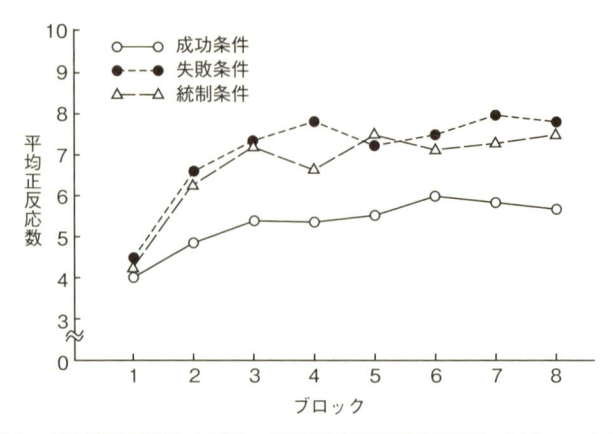

第3章　発達に関する発達—差異論と動機づけの問題

図3-16　3実験課題群の8ブロックにおける平均正反応数（田中，1979より）

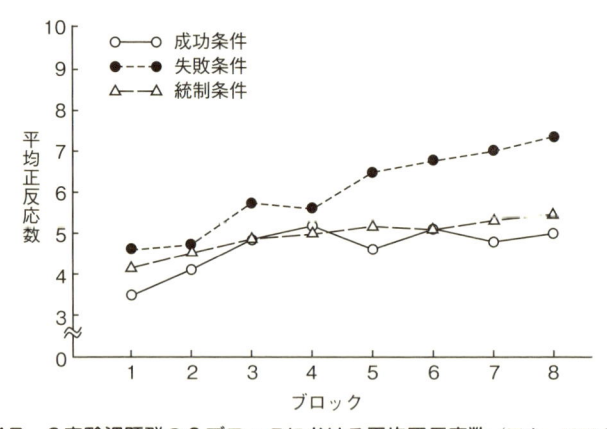

図3-17　3実験課題群の8ブロックにおける平均正反応数（田中，1979より）

表3-8　80試行全体の平均パタン反応数およびその差の検定（田中，1979より）

	1実験課題	3実験課題	検定
成功条件	9.5 (8.3)	12.7 (5.1)	n.s.
失敗条件	8.1 (7.9)	6.8 (7.7)	n.s.
統制条件	8.0 (5.3)	5.1 (6.3)	n.s.
検　定	n.s.	統制−成功*	

・（　）内はSD
・t検定による
＊：$p<.05$，n.s.：有意差なし

知的障害児は正反応が多くマキシマイジング行動（図3-14）を示し，位置交替パタン反応が少なく（図3-15），課題解決方略としてのWin-Stay方略およびLose-Stay方略を多用した（表3-5および表3-6）。

そこで田中は知的障害児および健常児の諸反応が成功・失敗経験を反映したものであるのか，実験Ⅱで検討した。両経験の程度を実験変数に加え，成功・失敗経験を1回のみを1実験課題とし，それらを3回与える場合，3実験課題とした。成功・失敗経験は，Hoppe（1931）の指摘に従って，各被験対象者の要求水準を考慮して操作された。1・3実験課題直後に66％の確率学習課題が施与された。研究の実験デザインは表3-7に示す通りである。

その結果，まず1実験課題を用いて成功・失敗経験を操作した場合，知的障害児群および健常児群ともに確率学習課題における正反応数の分析，パタン反応数そして方略の使用率の分析のいずれにも有意な差異は示されなかった。しかし3実験課題を用いた時，正反応数に関して，知的障害児で成功経験後減少し（図3-16），健常児で失敗経験後増加した（図3-17）。

パタン反応数の分析では，知的障害児で成功経験後増加し（表3-8），健常児で失敗経験後減少した（表3-9）。

課題解決方略の分析では，Win-Stay率およびLose-Stay率に関し，知的障害児で成功経験後どちらも減少し（表3-10および表3-11），健常児で失敗経験後増加した（表3-12および表3-13）。

以上の結果から，知的障害児に顕著に示されたマキシマイジング行動（報酬の最大化方略の活用）は，低率の強化への満足という動機づけを反映したもの

表3-9　80試行全体の平均パタン反応数およびその差の検定（田中，1979より）

	1実験課題	3実験課題	検定
成功条件	12.8 (6.1)	12.1 (7.4)	n.s.
失敗条件	12.5 (12.1)	4.0 (2.3)	＊
統制条件	16.0 (6.6)	12.7 (8.9)	n.s.
検　定	n.s.	統制－失敗＊ 成功－失敗＊＊	

・（　）内はSD
・t検定による（一部コクランコックス法）
　＊＊：$p<.01$，＊：$p<.05$，n.s.：有意差なし

であり，成功の期待の低下として理解されよう。しかしながら，彼らは成功経験を繰り返すことによって，同一発達レベルの健常児が用いる仮説検証型の反応パターンを示し，低率の強化に満足することなく，100％の解決をめざした課題解決過程を採用するのである。そして健常児において，失敗経験後，3実

表3-10 Win-Stay率の平均値およびその差の検定（田中，1979より）

	1実験課題	3実験課題	検定
成功条件	35.3 (32.5)	42.3 (35.8)	*n.s.*
失敗条件	56.3 (36.8)	70.5 (22.4)	*n.s.*
統制条件	45.6 (34.4)	67.6 (18.3)	*n.s.*
検　　定	*n.s.*	統制−成功† 成功−失敗*	

・単位は％，（　）内はSD
・t検定による（一部コクランコックス法による）
　＊：$p<.05$，†：$p<.10$，*n.s.*：有意差なし

表3-11 Lose-Stay率の平均値およびその差の検定（田中，1979より）

	1実験課題	3実験課題	検定
成功条件	21.6 (39.8)	16.0 (21.8)	*n.s.*
失敗条件	53.0 (42.4)	60.8 (34.7)	*n.s.*
統制条件	37.4 (39.8)	58.1 (39.0)	*n.s.*
検　　定	*n.s.*	統制−成功＊＊ 成功−失敗＊＊	

・単位は％，（　）内はSD
・t検定による
　＊＊：$p<.01$，*n.s.*：有意差なし

表3-12 Win-Stay率の平均値およびその差の検定（田中，1979より）

	1実験課題	3実験課題	検定
成功条件	25.4 (27.0)	13.7 (15.2)	*n.s.*
失敗条件	32.1 (29.2)	45.9 (21.4)	*n.s.*
統制条件	20.0 (17.4)	18.9 (26.1)	*n.s.*
検　　定	*n.s.*	統制−失敗＊ 成功−失敗＊	

・単位は％，（　）内はSD
・t検定による（一部コクランコックス法）
　＊：$p<.05$，*n.s.*：有意差なし

表3-13　Lose-Stay率の平均値およびその差の検定（田中，1979より）

	1実験課題	3実験課題	検定
成功条件	22.7 (26.5)	14.5 (19.4)	n.s.
失敗条件	20.2 (19.0)	50.7 (22.6)	＊
統制条件	21.5 (26.2)	31.6 (34.3)	n.s.
検　　定	n.s.	統制－失敗† 成功－失敗＊＊	

・単位は%，（　）内はSD
・t検定による（一部コクランコックス法による）
　＊＊：p<.01，＊：p<.05，†：p<.10，n.s.：有意差なし

験課題条件のもとマキシマイジング行動の出現および仮説検証型反応の減少という成功期待の低下が示されたのは特記に値する。

　ここで取り上げられた知的障害児の問題解決行動については，田中・Zigler (1994) が発達－差異論争の観点から詳細に概観している。

5）外的指向性仮説

　失敗経験を繰り返すことによって，子どもは成功への期待を低下させ，持てる認知的方略を活用しなくなることが明らかにされた。これは知的障害児に顕著に示され，成功の期待仮説として内外の発達研究者たちが提起したものである。さらにZiglerを中心とする発達論の立場に立つ研究者たちは，成功－失敗経験による外的指向性仮説を実証的に検討している。この仮説は，もともと知的障害児の多くが実験者のインストラクションや態度に敏感に反応し，課題遂行を途中でやめてしまうことから提起されたものである（Turnure & Zigler, 1964）。彼らは外的指向性について，失敗経験に起因した動機づけ特性であり，環境内の外的手がかりへの依存性を反映する課題解決方略の1つであると定義した。

　Sanders et al.（1968）は，概念達成に及ぼす外的指向性の影響を弁別学習課題を用いて検討した。発達レベル6歳代の健常児および知的障害児を対象にして，大きさの弁別学習課題の遂行中に3つの外的手がかり条件を準備した。正条件では手がかり（ライトの点滅あるいは実験者の指差し）が正反応をもたらし，負条件でそれが誤反応を導いた。その結果，知的障害児は負条件で有意

に多くの誤反応を行い、無手がかり条件下での誤反応に比べて、手がかり誤反応のほうが多く、そして正条件下での誤反応数に健常児との間に差異を示さなかった。健常児では、各条件間に成績の違いは示されなかった。わが国では、木村（1979, 1980）が外的指向行動と弁別学習との関係を反応時間を指標として実験的に検討している。大きさおよび色の二次元二価弁別学習課題では、正刺激に対応してライトを点滅させるが、1試行目から5試行目までは教示後1秒、そして6試行目以降教示後3秒に操作した。その結果、学習達成基準までの試行数には知的障害児と健常児の間に違いが示されなかったが、反応時間の分析を通して、両者の違いが明らかになった。健常児は試行の進みに従って、正刺激を知らせるライトの点滅前に反応した（内的指向行動の適用）が、知的障害児では健常児に示される反応がみられず、ライトの点滅を待つ反応を繰り返した。そして遂行途中に「ライトの点滅を待たなくても自分で考えて正しいと思うカード（刺激）を選んでください」という促し教示を与えると、その直後は内的指向行動を示すが、すぐに外的指向行動を繰り返し採用した。

さらに木村（1980）は、居住環境の差異に注目して、外的指向性の検討も行った。家庭在住の知的障害児（養護学校児群）、健常児、施設居住の知的障害児の3群を対象にして、先と同じ方法を用いて外的指向行動の違いを成功－失敗経験変数と関連づけ検討した。そこでは、施設居住の知的障害児に比べて、家庭在住の知的障害児はより多くの失敗経験を有し、そのために外的指向性の程度が大きいと仮説された。その結果、予想通り、学習基準達成までの所要試行数では差異は示されなかったが（表3-14）、家庭在住の知的障害児の反応時間は長く（図3-18）、施設居住の知的障害児と健常児との間に反応時間の差異は示されなかった。施設における居住環境は、比較的失敗経験が少なく、発達レベルが9歳代の知的障害児にとって二次元二価の弁別学習に対して持てる認知能力（概念達成）を自ら積極的に活用できたと考察された。このことは、アメリカ合衆国の施設居住の知的障害児を対象にしたBybee et al.（1989）の研究結果とも一致している。

外的指向行動から内的指向行動への発達的移行の問題を持つ知的障害児ではあるが、彼らのこの特異な動機づけ特性を積極的に利用させるため、田中・Zigler（1993）およびTanaka & Zigler（2005）は弁別移行学習における媒介

3節　発達論，その論点，そして研究の歴史

表3-14　平均試行数（木村，1980）

被験児群	養護学校児群	施設児群	普通児群
M	28.90	28.70	26.76
R	15〜55	15〜66	15〜52
SD	11.71	16.39	10.73

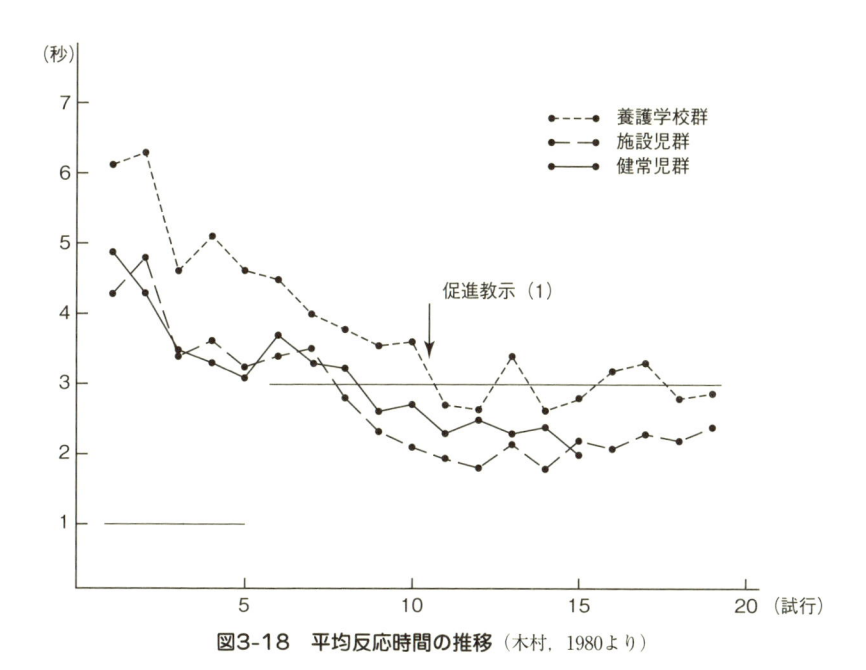

図3-18　平均反応時間の推移（木村，1980より）

表3-15　逆転・非逆転移行学習における基準達成までの平均所要試行数（Tanaka & Zigler, 2005）

群／条件	逆転		非逆転	
	先行学習	移行学習	先行学習	移行学習
健常児				
統制	5.26（1.05）	4.03（0.65）	5.21（1.05）	5.39（0.95）
実験	4.62（0.66）	4.01（0.50）	4.05（0.75）	5.24（1.19）
知的障害児				
統制	6.14（1.09）	5.66（1.64）	5.89（1.34）	6.41（1.39）
実験	4.85（0.95）	4.21（0.72）	4.76（1.09）	4.09（0.62）

注）数値は開平変換（√）したものである。（　）＝SD

表3-16 基準達成後,適切次元を正しく言語報告した者の数 (Tanaka & Zigler, 2005)

群／条件	逆転				非逆転			
	＋＋	＋−	−＋	−−	＋＋	＋−	−＋	−−
健常児								
統制	4	4	0	5	3	3	2	2
実験	10	0	0	3	1	4	5	0
知的障害児								
統制	4	0	1	8	2	0	2	6
実験	10	0	0	3	5	2	3	0

注）＋＋：先行・移行学習ともに正しい言語報告
　　＋−：先行学習で正しく,移行学習で誤った言語報告
　　−＋：先行学習で誤り,移行学習で正しい言語報告
　　−−：先行・移行学習ともに誤った言語報告

過程を従来の行動主義心理学の枠組みではなく認知理論を用いてアプローチした。彼らは，媒介過程を単一S-R様式から言語媒介S-R様式への発達として考えるのではなく，未集合化，次元内比較，そして次元間比較への集合化の論理操作および排中律の適用として理論化した。すなわち，弁別移行学習における媒介過程は，先行学習で正と負のフィードバックのもと，色あるいは形の次元で集合化を行い，移行学習における逆転移行で先に形成した色あるいは形の全体集合はそのまま維持し，部分集合の移行を行い，非逆転移行で同じ学習材料（刺激）を用い全体集合を他の次元で再形成しなければならない。このような考えのもとで媒介過程を理解し，弁別移行学習の前に，逆転移行に必要な次元内比較能力を，非逆転移行に次元間比較能力という集合化の論理操作の把握を行った。第2章表2-6は次元内比較と次元間比較の課題内容例が示される。

　次元内比較の4種の課題を通過するが次元間比較の8種の課題のすべてに不通過だった対象児に逆転移行学習が与えられ，次元内比較のすべての課題と次元間比較の8種のうち4種の課題を通過した対象児に対して非逆転移行学習が与えられた。媒介過程を言語的知識や概念名辞の活用としてではなく集合化の論理操作（能力）が関与するものとして理解したうえで，知的障害児に顕著に示される外的指向性の積極的活用を次のように想定した。すなわち，実験条件下で，先行学習の間，実験者は対象児の選択反応の結果に基づきカードを用いて色あるいは形の次元で集合化を行う。例えば，適切次元が色（全体集合）の場合，赤色（＋）と黄色（−）の部分集合が形成される。その結果，予想した

通り，健常児では逆転移行学習および非逆転移行学習ともに統制条件と実験条件間に，学習基準達成までの所要試行数や言語報告者数の差異は示されなかった（表3-15および表3-16）。これに対して，知的障害児は，両学習ともに先行学習でも移行学習でもどちらも統制条件に比べて，実験条件のほうが所要試行数が有意に少なく（表3-15），正しく適切次元名を言語報告する者の数が多かった（表3-16）。また実験条件下での知的障害児の遂行結果は，同じ発達レベル（5歳代）の健常児のそれとまったく違いは示されなかった。このような結果から，媒介過程に関与する認知能力（集合化の論理的操作および排中律の適用）をマッチングした同じ発達レベルの健常児と知的障害児の間に，後者の特異な動機づけ特性（外的指向性）が考慮されるならば，その能力の活用によって学習成績の差異はなくなると結論づけられた（詳細については，p.111〜119の「共同研究」を参照）。

　外的指向性は，具体的・状況的・環境的手がかりに依存した課題解決様式であり，先に取り上げた弁別移行学習事態では積極的な活用が示されるのであるが，健常児の場合，発達レベルが5歳に至ってすでに自らの認知能力を他に依存することなく十分発揮し，内的指向行動を獲得することができていた。知的障害児では，外的指向行動から内的指向行動への発達的変化はどのように考えればよいのであろうか。彼らには，発達レベルの上昇と，生活経験の豊かさによって，その発達変化は見出されるのであろうか。もしそうであるならば，それはいつなのであろうか。

　Tanaka et al.（2001）は，発達レベル（MA）が5歳代，8歳代，そして15〜16歳代の健常児および知的障害児（者）（CA9歳代，17歳代，そして29歳代）を対象にして，大きさの一次元弁別学習課題を与えた。最大許容試行数は50試行であり，そのうち連続7正反応が学習基準の達成とされた。正刺激の大きさは対象児間でランダムに決定され，毎試行他の2つの負刺激のうち，1つに対応してランプが対象児の選択反応の直前に点滅した。その結果，学習基準に達するまでの試行数をみると，発達レベルの推移に応じて健常児が少なくなるのに対して，知的障害児は逆に増大させ，また非手がかりエラー数について，健常児が5〜2の範囲で少ないのに対して，知的障害児は8〜5であった。手がかりエラー数（率）の違いは顕著に示され，健常児が7（19.7%）〜1（11%）

の範囲で発達的変化を示したのに対して，知的障害児は16（44.1％）〜25（56.8％）となり，発達とともに増加する結果であった。

このような結果から，健常児が発達レベル5歳代から学習あるいは問題解決事態で外的指向性を内的指向性へと切り換えるのに対して，知的障害児では，発達の推移や生活経験の積み重ねを通してますます外的指向性を強固なものにすると考察された。この点，以下の3点が原因と考えられる。

①教育内容および労働内容とも関係して，学習，問題解決，そして作業での能力に関連した自己の変容・理想の自己イメージを持ちにくく（徳永・田中，2004），外的手がかりへの依存性を克服できないままである。
②成功経験による達成感を得ることが少なく，自信欠如の状態が続き，発達レベルの上昇につれて周囲の期待も高まりより一層重篤化する。
③①にも関連しているが，学習や問題解決に向けた目標設定・計画・修正などのメタ認知的コントロールやそれに向けての予想・点検・評価などのメタ認知的モニタリングの発達がほとんど獲得されないあるいは不活用のままである。

なお，詳細については今後の検討課題であろう。

4節　論争解決に向けた新たな論点（1）―メタ認知

1）メタ認知とは

学習および問題解決に向けてこれまでに獲得した知識およびスキル（技能）を活用する一連の心理過程が「認知」であり，発達－差異論争のなかで取り上げられた発達レベルは，この認知の発達段階（MA）のことである。特に，発達論の立場から，知的障害児は動機づけを高めることによって，到達した認知の発達段階相応のパフォーマンスを示し，同じ発達段階の健常児と同様の成績であることが実証的に検討されてきた。しかしながら，学習および問題解決に

おいては，認知の機能（MA）のみでなく，「メタ認知」と呼ばれる心的機能をも考慮する必要があろう。なぜならば，本来，子どもは学習および問題解決に向かい遂行している間，自分の認知の状態を理解しようとし，自分自身でそれをコントロールしているからである。これは，「認知」とは異なる「認知の認知」とも言われる「メタ認知」の働きなのである。具体的に言えば，学習および問題解決に対して，まず「何がわかって」いて，「何を問われて」おり，そのうえで解決の目当てや見通しを持つこと，それがメタ認知である。この時，自分には解けそうな問題なのかとか，この問題は苦手だなといった気づきもメタ認知である。そして解決に向けて計画を立てたり，遂行を振り返ったり，あ

```
メタ認知的知識
├─ 人間の認知特性についての知識（宣言的知識）
│   ├─ 個人内の認知特性についての知識
│   ├─ 個人間の認知特性についての知識
│   └─ 人間一般の認知特性についての知識
├─ 課題についての知識（宣言的知識）
└─ 方略についての知識（宣言的，手続き的，条件的知識）
    ├─ 宣言的知識：どのような方略か
    ├─ 手続き的知識：その方略はどう使うのか
    └─ 条件的知識：その方略はいつ使うのか，なぜ使うのか（どのような効果があるのか）

メタ認知的活動
├─ メタ認知的モニタリング：認知についての気づき・フーリング・予想・点検・評価など
└─ メタ認知的コントロール：認知についての目標設定・計画・修正など
```

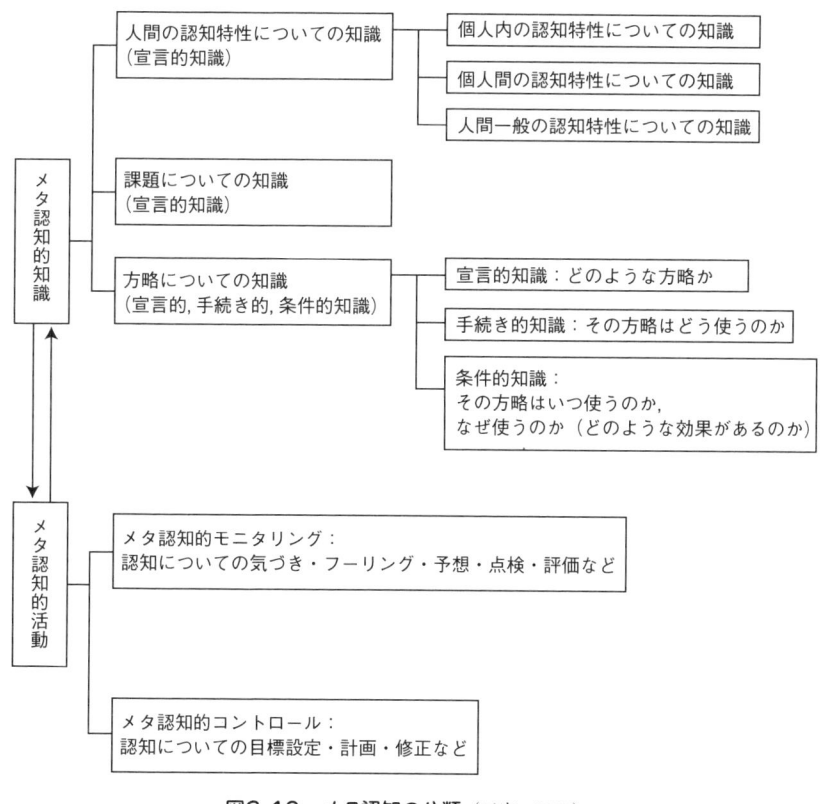

図3-19　メタ認知の分類（三宮，2009）

るいは評価し，目当てと関係づけそのまま遂行を進めたり，修正したりすることもメタ認知である。このように考えてみると，メタ認知は，通常の認知とは異なる働きを持ち，同時に認知の働きに多大な影響を及ぼし，そしてパフォーマンスにとって決定的な作用を及ぼすものであると考えられる。

　メタ認知の分類に関して，三宮（2009）は，図3-19に示されるように，メタ認知的知識およびメタ認知的活動の2つに大別している。さらに前者を人間の認知特性についての知識，課題についての知識，方略についての知識に分類し，後者をメタ認知的モニタリングおよびメタ認知的コントロールの2つに下位区分している。

　メタ認知的活動はメタ認知的知識の活用を踏まえて展開される。例えば，「自分はたし算が苦手だ」のような認知特性についての知識が働いてしまうと，遂行中のフィーリングや評価など（メタ認知的モニタリング）が十分に機能しなくなり，その結果計算作業のねらいを設定し計画することや修正など（メタ認知的コントロール）が深まらないのである。このようにメタ認知的モニタリングとメタ認知的コントロールとの関係も循環的なものである。

　メタ認知的知識およびメタ認知的活動の両方を含めて，子どものメタ認知はどのように発達していくのであろうか。メタ認知の定義や分類を通して，メタ認知発生（源）を考えるとしたら，それが日常生活の諸活動に内包されているということは十分に想像できよう。子どもたちの日常生活を振り返ってみると，就学前の段階ですでに家族の一員として役割を担い，その工夫をしたり，結果を見通したり，家庭の行事の計画や修正に参加したり，あるいは兄弟姉妹の間のトラブルに直面し，自分の考えや行動を見直したりしている。

　田中・田中（2000）は，家庭場面で母親の養育を通して子どもたちがどのようにメタ認知を発達（発生）させているのか，メタ認知獲得の起源に着目して調査した（表3-3参照）。3歳から6歳までの幼児の母親440名，特別支援学校小学部および中学部に在籍する知的障害児の母親1,383名に対して，総計36項目からなる調査を与え，5件法による回答を求めた。調査項目は，主としてメタ認知的活動に関するものであった。その結果，母親によるメタ認知的かかわりのなかで，「認知的方略の使用」（例えば「イベントがある日などは，子供がよく見るカレンダーなどに印を付けておくようにする」「次の日の持ち物を，

子供に確認させるようにする」など)、「身辺自立におけるメタ認知的経験の意識化」(「洗顔した後、子供に『わあ、きれいになった』『ああ気持ちいい』などと言葉をかける」「衣服の着脱、排泄、食事などの身辺自立に関して、子供がきちんとできた時には、頭を撫でたり、拍手をしたりして褒める」)、「課題解決におけるメタ認知的経験の意識化」(「子どもとパズルで遊ぶとき、『こうかな』『違うな』『あ、こうだ』などと言いながら、お母さんも実際にやってみせる」「子どもがパズルで遊んでいて間違えたとき、『どうして入らないのかな』『良く考えてごらん』などと言葉をかける」)、そして「認知的行為の目標の明確化」(「何かをしなければならないときには、『今から何をするのかな』『今は何をするときですか』などと言葉をかけ、子供に何をすべきなのかを考えさせる」「おもちゃなどを片付けさせるとき、『お片付けしないと、次に遊べないよ』などと言葉をかけて、片付けをしなかった場合のことを考えさせる」)の4つの成分が見出された。健常幼児の母親では、3歳〜4歳代から5歳〜6歳代にかけて、認知的方略の使用を促すかかわり方が強くなるのに対して、身辺自立におけるメタ認知的経験の意識化は少なくなった。他方、知的障害児の母親たちは、発達レベルや生活経験に関係なく、全体的にメタ認知的活動を促す育て方にはなっていなかった。

2) メタ認知と発達レベル (MA) との関係について

　メタ認知がまずは養育を通して発生し、後の学習および問題解決に対して重要な影響を与えることは先に述べた通りである。健常児では就学前の段階からメタ認知の発達を促す養育が展開されていることが明らかになり (田中・田中, 2000)、認知発達とのバランスのとれた関係や認知の働きに対する積極的な影響が予想される。しかしながら、知的障害児は認知の状態を理解したり、自ら認知の状態をコントロールしたりするように周囲から働きかけを受けることに乏しく、メタ認知の発達の遅れあるいは不活性化は想像以上に大きなものがあると予想される。これは、就学後においても、授業場面における教授行動の分析結果、すなわち「指示する」「命令する」「禁止する」、あるいは「説明する」などの教師の言語行動のもとで、彼らの学習行動にメタ認知的成分が含まれにくいまま進展していく (田中, 2012)。

第3章　発達に関する発達-差異論と動機づけの問題

表3-17　同一MAでのメタの認知的能力の違いがみられた3人の子どもの事例（田中，2003）

対象児 CA MA メタ認知的能力	みつゆき君 10：0 5：9 高	さよちゃん 12：6 5：1 中	のぞみちゃん 11：4 5：1 低
課題へのかかわり	教示者に関心を向け，うなずきながら教示を聞く。離席することはない。	着席し課題に取り組もうとするが，時々窓の外をぼーっと見ている。	突然関係のないことを言い出したり机の下にもぐる。
方略の使用	動作を伴った記憶方略・カテゴリー化方略・パズル数確認方略使用。	課題によって方略を使用するときとしないときがある。	遂行のための効率的な方略の使用は少ない。
目標の意識化 自己評価	時間制限を意識し，急いで行おうとする。「誤答」に対して自信なさそうにする。	教示者が質問を繰り返すと「違うと？」と正解か否かを確かめようとする。	課題要求とずれており「誤答」であっても自信満々に答える。

　このことから，知的障害児の場合，健常児に比べて同じ認知の発達段階であってもメタ認知の発達の違いが大きく，その個人差が顕著に示されることが想定されよう。また，彼らはこれまで獲得した認知能力を十分に機能させるようなメタ認知への働きかけがあれば，同じ発達レベル（MA）の健常児と同程度のパフォーマンスを示すことも十分予想される。田中（2003）は，表3-17に示すように，同じ発達レベル（いずれもMA5歳代）ではあるが，メタ認知能力の異なる3人の子どもの事例を紹介している。

　ここではおもに課題へのかかわり，方略の使用，そして目標の意識化，自己評価といったメタ認知的活動に着目してメタ認知の発達が区分された。表3-17に示されるように，みつゆき君は，課題場面で教示者に注意を集中し，課題遂行に対して自発的に方略を用い，そして遂行の時間制限を意識した行動を示し，メタ認知を発達させていると判断された。さよちゃんは，課題への集中は部分的に可能であり，課題解決に向けた方略も一部用いていた。そして，彼女は自分の遂行を振り返って確認するような態度を示し，メタ認知能力を発達させつつあった。のぞみちゃんは，課題遂行への注意集中に欠けており，方略の活用も認められず，さらに遂行結果を評価するような態度も示さずメタ認知能力の芽ばえは観察されなかった。

　このように同じ精神年齢（MA）であってもメタ認知能力の発達には違いが

4節　論争解決に向けた新たな論点（1）——メタ認知

表3-18　ITPAの各下位検査項目で観察されたメタ認知的機能とその具体例（田中，1992より）

下位検査項目	検査内容	観察されたメタ認知的機能	例
文の構成	検査者の言う文章を聞いて，あいまいな部分に適切なことばをうめる。	文脈手がかり方略 語調手がかり方略	文脈による意味のつながりや語調を手がかりとして解答を出す。
絵さがし	検査者は，絵の中で見つけ出すべき事物の見本を見せ，その見本と同じ事物を30秒間にできるだけたくさん探して指ささせる。	時間制限の意識化 見本図との比較・照合方略	短時間で課題を遂行しようと急いで探す。その絵が正解か否かに迷った時には，見本の絵に立ち返り見返して確認する。
ことばの表現	検査者は子どもに事物を示し，それがどんなものか，ことばで説明させる。	カテゴリー方略	色・形・機能的特徴などカテゴリー別に分けて説明する。
ことばの類推	検査者が，類推文を途中まで言い，子どもに続きを言わせて文を完成させる。	単語手がかり方略	前後の単語を手がかりとした解答を示す。
絵の類推	検査者は子どもに，絵を見せて，刺激絵AとBの絵から類推される関係を手がかりに，Cに対応する絵を選択肢の中から選ばせる。		
形の記憶	検査者は子ども図版の図形配列を約5秒間見せる。次に図版をかくし，用意された図形版を配列台の上に同じように並べさせる。	パズル数確認方略 学習の配分	まず提示されたパズル数の全体数を確認する。間違っていたパズルについてのみやり直す。
数の記憶	検査者は，子どもに一定した間隔で数の配列を読んで聞かせ，子どもに再生させる。	動作を伴った記憶方略	手で机をたたく，指を折るなどの動作を使って記憶する。
ことばの理解	検査者の言う単語にもっともふさわしい絵を図版の4つの絵の中から指さしさせる。	概念の抽出	同一のものでなくても共通概念を抽出することにより解答を得る。
絵の理解	検査者は子どもに図版の刺激絵を約3秒間見せる。次に刺激絵をかくし，選択肢をみせ，刺激絵にもっともふさわしい絵を指ささせる。		

認められ，同時に学習あるいは課題解決に必要な認知能力（MA）活用に向けた構えや意欲の差異をもたらすものであるとも考えられよう。

田中（1992）は，知的障害児26名および健常児31名を対象にして，メタ認知と精神年齢（MA）との関係を検討した。メタ認知を検討するために，ITPA言語学習能力診断検査の各下位検査項目のうち7項目が抽出され用いられた。

第3章　発達に関する発達－差異論と動機づけの問題

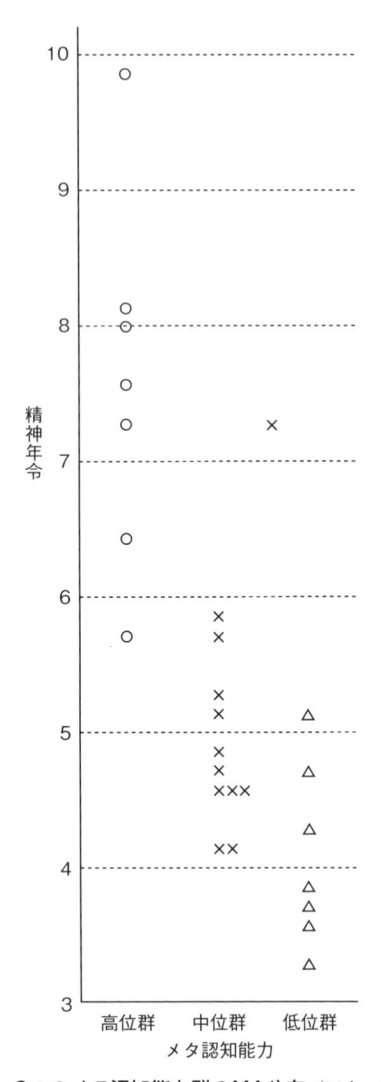

図3-20　3つのメタ認知能力群のMA分布（田中，1992より）

　各下位検査項目で示されたメタ認知能力は，表3-18に示す通りであった。
　これらのメタ認知能力は，課題要求に応じて自己の行動をコントロールしたり，学習の配分をしたり，方略を用いて有効な解決方法としての意図性にかか

わるものである。いずれの下位検査項目においても表3-18に示されるメタ認知能力が観察されたものを高位群、1～3つのメタ認知能力がいずれかの下位検査項目で示されたものを中位群、まったくメタ認知能力が観察されなかったものを低位群と区分した。メタ認知能力と認知発達水準（MA）との関係を図示したものが図3-20である。

図3-20に示されるように、メタ認知の発達とともに認知発達のレベル（MA）も上昇し、どのメタ認知の発達のレベルにおいてもMAの範囲は大きく、そして同一MAであってもメタ認知の発達の違いが認められる。

3）メタ認知，MA，そして動機づけの関係について

メタ認知は、認知とは異なり、学習および問題解決過程で自己の認知の働きをコントロールしたり、評価し、修正したりして目標に近づけるように機能する。知的障害児では、養育あるいは教育を通してメタ認知を十分に育ててきていないことが知られており（田中・田中, 2000；田中, 2012）、学習および問題解決におけるパフォーマンスの弱さに対して、認知の働きと同じか、あるいはそれ以上の影響を与えていると考えられる。

知的障害児および健常児の発達に関する発達−差異論（争）では、認知にのみ注意が向き、このメタ認知の発達の視点が欠落していたように考えられる。そこで差異論的立場から主張されてきた認知欠陥事象とメタ認知との関係を省察し、そして発達論的立場による動機づけをメタ認知に関連づけて考察してみよう。

まず差異論者たちが取り上げてきた認知欠陥事象、すなわち認知的硬さ、注意欠陥、短期記憶欠陥、そして言語媒介欠陥が各々どのようにメタ認知と関係しているのか検討してみよう。

認知的硬さを知的障害児者の生来的な欠陥であると主張したLewinおよびKouninは、描画あるいはビー玉を用いた位置弁別という単純な飽和課題を同じ認知発達レベルの知的障害児および健常児に与えた。ここでは、対象児者にとって発達レベル的に認知機能はもちろん、メタ認知の働きをほとんど必要とせず、発達論者たちが実証した動機づけ要因によって課題遂行が決定されるものであったと考えられる。すなわち、大人（実験者）との相互交渉や大人からの是認を得たいという動機づけによって、単純な作業（月の顔の絵を描いたり、

白黒を弁別したりする）がひき起こされ，持続されたと考えられる。

　注意欠陥については，観察反応および道具的反応の2段階学習説により，知的障害児は道具的反応よりもむしろ観察反応段階での適切次元への注意の欠陥を有し，学習困難に陥っていると指摘された。この適切次元への注意（選択的注意）という認知の働きを中心として，正と負のフィードバックを活用しながら学習を達成するプロセスを考えてみると，主としてメタ認知的コントロールおよびメタ認知的モニタリングの働きが関与しているであろう。一次元二価あるいは二次元二価の弁別学習では，学習材料（刺激）の持つ特性（例えば，学習の手がかりとなる色あるいは形）を認知し，特定の正の手がかりを試行錯誤を通して見出し，評価し，そして修正して学習につなげていくメタ認知的活動が求められている。したがって，注意欠陥として提起された知的障害児の認知欠陥事象には，メタ認知の働きの不十分さが含まれていると考えられる。特に物的報酬を用いた学習で知的障害児が同一発達レベルの健常児と同程度のパフォーマンスを示した場合，それは学習過程で持てる認知機能を活性化するメタ認知的活動を促す動機づけの効果によるものであったと考えられる。

　短期記憶欠陥については，記憶痕跡がより急速に壊れる現象である（Ellis, 1963）と説明されてきたが，今日では，図3-21に示される記憶システムを用いて，記憶方略（メタ記憶）の自発的な活用の困難として理解されている。記憶方略のなかでもリハーサルの不適切さが指摘された（Ellis, 1970；Bray & Turnure, 1986；松村・倉本，1980）。リハーサルは短期記憶内に情報を保存したり，あるいは図3-21に示されるように，それを長期記憶に転送する時に活用されるものである。系列再生課題（第2章図2-7参照）を適用した場合，6～10個の記銘刺激を呈示した後で，そのなかの1つの刺激を再度，見本刺激

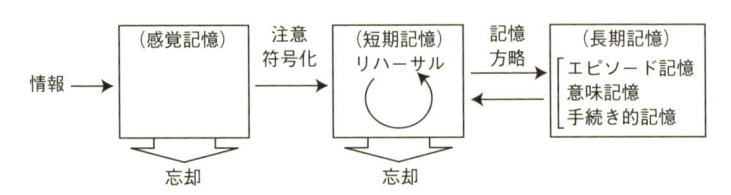

図3-21　記憶のしくみ（Atkinson & Shiffrin, 1968）

4節 論争解決に向けた新たな論点 (1) ―メタ認知

として呈示し,それが先に見た系列のうちのどの位置にあったかを再生させる。知的障害児では,同じ発達レベルの健常児に比べて,新近効果は示されるが,初頭効果がみられなかった。また,記銘刺激を子どものペースで呈示した時,その呈示時間の間隔を測定し,リハーサル方略の指標として分析したところ,ためらい時間とグルーピング方略および累積的方略の活用が示されなかった。

このように比較的,記憶(記銘)する材料が少ない時の記憶方略とは異なり,体制化方略および精緻化方略などを必要とする多くの材料の記銘の場合,知的障害児のメタ記憶の特性はどのようなものであろうか。松村・小川 (1983) は,知的障害児はこの体制化の使用が困難であると指摘した。精緻化方略については,例えば,対連合学習において刺激項と反応項を関係させた文章やイメージを持つことによって記憶する際のメタ記憶である。ここでも知的障害児は自発的な精緻化方略の使用が困難であると報告されている (松村, 1984)。しかしながら,先に取り上げた (今野, 1977) ように,対連合学習の前に成功経験を通して,負の反応傾向を低減し,学習中に社会的強化を得ることにより正の反応傾向を充足すると知的障害児は同一発達レベルの健常児と同程度の成績を示したのである。この点,メタ認知的コンロールとしての精緻化方略が活用されていたと考えられる。

以上のように,短期記憶欠陥については,メタ認知(メタ記憶)の働きの問題として言及され,同時に,それが動機づけを高めることによって解消する性質のものであると言えよう。

最後に,言語媒介欠陥とメタ認知との関係について言及しよう。差異・欠陥論的立場から知的障害児の言語媒介欠陥が取り上げられた時,それは学習材料に対する概念名辞あるいは言語的知識による媒介過程の欠陥としてであった。この点,認知機能にのみかかわり,メタ認知の働きおよび動機づけの影響はほとんど関係しない。しかしながらいわゆる媒介過程をピアジェの発達理論から捉え直し,次元性の集合化の論理操作の観点から検討したところ,未集合化の段階,一次元的学習の段階,そして二次元的学習の段階へと高次化することが明らかとなり,メタ認知的活動との関係の深さが考えられた。色あるいは形の次元に基づいて,集合化し,正および負のフィードバックを利用しつつ全体集合(部分集合)をつくっていくなかで,予想・点検・評価などのメタ認知的モ

ニタリングと，全体集合と部分集合との関係，あるいは全体集合の組み直しを確立したり，修正するなどのメタ認知的コントロールが機能すると考えられる。そして，知的障害児は外的指向性という動機づけ特性を積極的に活用することによって，集合化が促され，予想や点検などの彼らの持てるメタ認知的活動が活性化し展開したと考えられる。

5節　論争解決に向けた新たな論点（2）—PASS理論

1）PASS理論とは

　認知（機能）を3つの異なる神経学的システムからアプローチし，各々が相互依存した結果生じる心理プロセスとして理解するのがPASS（Planning, Attention, Simultaneous, and Successive processing）理論である。それはLuria（1973）によると図3-22に示されるように，注意・覚醒システム，同時・継次処理システム，そしてプランニングシステムである。

　1つ目の，注意・覚醒システムは入力情報を分析することに深くかかわり，適度な脳の活動レベルの維持および処理に向けた刺激選択のコントロールが成立条件であり，またその特徴と考えられる。例えば，課題に取り組むためには，周囲の状況を理解したり，気づいたりする必要がる。過度に緊張したり，眠かったりするとまわりの出来事に気づかず見落としてしまうことになる。課題を

注意／覚醒システム　　処理システム　　プランニングシステム

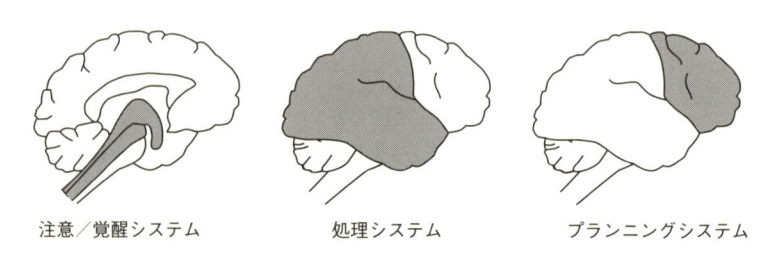

図3-22　3つの神経学的システム（Luria, 1970より）

解決していくためには，周囲の状況や自分の状態に注意を集中することが求められ，注意・覚醒システムがこの機能を担っているのである。不適切な注意または覚醒レベルによって生じる学習の問題は，多動である。この場合，大脳皮質の覚醒レベルの低下によって，行動コントロールが困難となり，行動過多になると考えられている。この点，この覚醒システムは非効率的なプランニングにも影響を与える可能性が高いと言える。

2つ目の，同時・継次処理システムは，課題解決にとって必要とされる情報処理の中心的機能であり，先に述べた注意定位の情報を適切な情報へと交換し，符号化していく働きを担うものである。同時処理か継次処理かというのは，情報の符号化の様式を意味している。同時処理とは，情報を関係づけることであり，「ヘリコプター」「船」「自動車」といった言葉を「乗り物」という上位概念化したり，繰り上がり・繰り下がりの計算をしたり，論理−文法関係を理解したりすることである。これに対して，継次処理とは，正確に取り入れた情報を順番に保持することであり，電話番号を覚えたり，単語を分析したりして構成音別に区分することである。

そして3つ目の，プランニングシステムとは，機能的に考えてみると，一般的な方略の活用，選択的注意の操作，そしてメタ認知の働きの3つに区分される。まず方略レベルについては，問題解決あるいは学習の時に特別なプランを使用することに関係し，例えば対の関係にあるものを覚えるためにイメージを使うことや，ランダムな数字を記憶するためにリハーサルをすることである。次に選択的注意のレベルは，数多くの選択刺激のなかからモデル刺激と同一の項目を探すという視覚的探索や，認知行動変容技法における方略の活用である。そして，メタ認知レベルは，課題遂行中に処理している情報および課題達成のモニタリングへの意識的な気づきに含まれるプランニングのことである。

これらのシステムは，ある1つのシステムの弱さが他のシステムによって補強されたり，逆に他のシステムを妨害したりするといった意味で相互依存性を特徴としている。このことは例えば，言語媒介欠陥が仮定されたとしてもその認知欠陥は同時処理あるいは継次処理システムの問題によって生じたとは断言できず，注意・覚醒システムあるいはプランニングシステムが関与していることもある。したがって，学習あるいは問題解決に際し，まずは課題への注意集

第3章　発達に関する発達－差異論と動機づけの問題

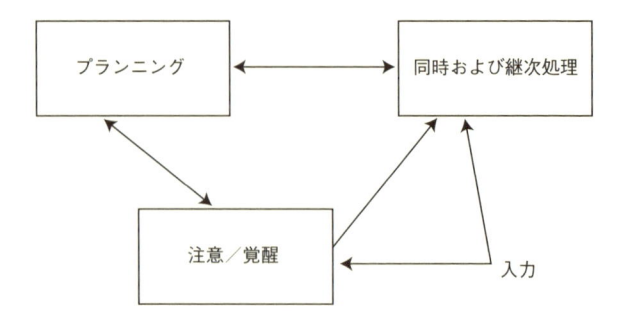

図3-23　3つの情報処理システム（Kirby & Williams, 1991より）

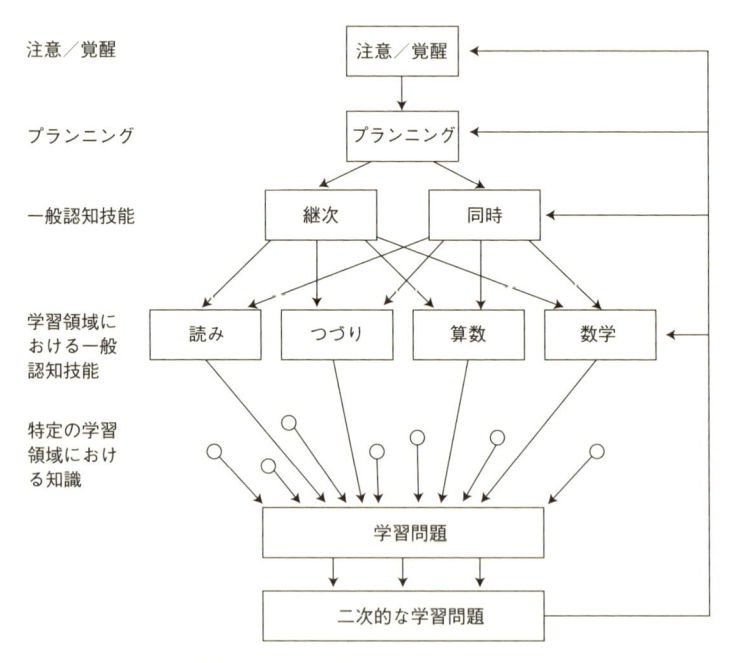

図3-24　学習の問題までの情報処理システム（Kirby & Williams, 1991）

中によって入力情報を十分に受け入れる注意・覚醒システムの分析活動，あるいはその機能を活性化するプランニングシステムの働きが大切になろう。3つのシステムを図示したものが図3-23であり，学習の問題と関係させたものが図3-24である（Kirby & Williams, 1991）。各々のシステムの機能化およびシ

ステム間の相互依存性によって認知処理が保障されているとしたら，認知およびメタ認知の機能が相互に連関しあい，同時にそれらの機能および機能間の相互連関性を促すものは動機づけの働きであると考えられる。

2）認知処理，精神年齢（MA），そして動機づけの関係について

脳の機能および構造と行動との関係を詳しく検討し，特に学習あるいは問題解決のプロセスやそれらのつまずきを明らかにして療育・保育・教育の手がかりを提起する目的を持って，神経心理学研究が貴重なデータを積み重ねてきた。特に，教育現場において，3つの異なる神経学的システムに関係した認知処理過程を測定し，教育指導の手がかりを明らかにしたり，個人差の解明に向けたK-ABC（Kaufman Assessment Battery for Children）知能検査が用いられている。すなわちこの検査を適用することによって，1人ひとりの子どもの学習過程における認知処理やそのつまずきが明らかにされ，教育指導の手がかりが鮮明に描かれるのである（Kirby & Williams, 1991）。

内田（1995）は，同一発達レベル（MA）であるものの，認知処理過程に違いを示した知的障害児の事例を詳しく検討した。表3-19に示されるよう

表3-19 同一MAで認知処理過程に差異が見られた事例（内田，1995）

課題	被験者	事例1 O.M (MA 6:5)		事例2 T.H (MA 6:0)		事例3 N.G (MA 7:3)		事例4 K.A (MA 7:0)	
		粗点	評価点	粗点	評価点	粗点	評価点	粗点	評価点
継次処理課題	手の動作	12	12	14	15	0	1	13	11
	数唱	6	5	10	13	9	8	9	8
	語の配列	6	7	7	8	9	9	9	9
同時処理課題	絵の統合	20	19	1	2	12	8	4	2
	模様の構成	6	8	1	4	15	19	5	5
	視覚類推	11	13	5	8	5	6	8	8
	位置さがし	6	7	7	9	13	14	10	11
継次処理標準得点		88		113		76		96	
同時処理標準得点		112		73		112		78	
認知処理過程標準得点		101		89		95		84	
認知処理尺度間比較		継次＜同時 有意差1%		継次＞同時 有意差1%		継次＜同時 有意差1%		継次＞同時 有意差1%	

に，事例1および事例2はともにMA6歳代であるが，継次処理能力で前者に比べて後者のほうが優れており，同時処理能力ではその逆であった。これは，事例1がモデルに基づく構成活動および繰り上がりや繰り下がりの計算のような複数の構成要素を概観可能な1つの形にまとめたり，全体から要素を取り出すといった同時的処理を得意とするのに対して，事例2は数唱，運動系列の再生，あるいは数え足しといった1つひとつの情報の構成要素を連続的な系列として処理し，それを順番に活性化してはじめて要素を取り出すといった継次処理を得意としている。事例3と事例4についても，両者ともに発達レベルは同じであるものの，認知処理プロセス（メタ認知を含む）に大きな違いが示された。

また神経心理学を踏まえて，構成活動における空間的認知・操作成分と，活動全体を企画し制御する成分とが脳的基礎の違いと同時に認知欠陥およびその補償の差異をもたらすことが明らかにされた。

小松（1990）は，同じ発達レベル（MA6歳代）のS児（男子CA13：2，MA6：7）とC児（男子CA15：5，MA6：1）を対象にして，第2章図2-10に示されるようなブロックデザイン課題を与えた。模様図が描かれている見本カードを呈示し，その模様図を複数個の積木（4面は赤，白，青，黄であり，2面は対角線で分割され，赤と白，青と黄である）で構成する。S児は課題1を独力試行で解決したが，見本を見たあとで必要な面をそろえて1個1個を慎重に組み立てていた。すなわち，見本の予備的分析後に，一定の構成プランを立てるような構成はできていた。しかし，見本再生に2色面を要する課題2以降では，そのプランニングは示されず試行錯誤に陥った。そこで援助試行を入れたが，最も効果的だったのは援助3であった（第2章表2-1参照）。この援助3によって，課題9まで解決した。S児にとって，空間的認知・操作成分の援助が必要であり，これは，頭頂・後頭葉機能へのサポートと考えられた。これに対して，C児では，同じように独力試行で課題1は解決できた。しかしながら，S児と違って，プランニングの様子はみられず，はじめから試行錯誤に陥っていた。援助試行では援助1から援助3までまったく効果は認められず，援助4に至って，積木を1個ごとに正しく定位させて解決できた。このように，C児では，活動全体の企画・制御にかかわる援助が必要であり，前頭葉領域へのサポートとして理解された。

中村（1979）は，MA7歳代〜MA11歳代の知的障害児を対象にして，リズム能力の高低によって，言語行為の継次的側面（名詞・動詞想起，口頭作文など）に差異が示されるかを検討した。特別支援学校（養護学校）で教育を受けている中学生から高校生までの生徒23名（平均IQ60.7，平均MA 9：9）が10種のリズムパターンに対するカスタネット同期によって，リズム能力上位群および下位群に区分され，両群間で構成能力におけるコンビネーション操作や文叙述に違いが認められるかが分析検討された。その結果，おもにマッチド・ペアの比較を通して，認知発達の程度は同一にもかかわらずリズム能力の高い者は低い者に比べて，いずれも言語行為の継次的側面，つまり文章構成能力において優れていた。

　このように，知的障害児において認知の働きは同一であっても，メタ認知を含む認知処理機能に違いがある時，学習内容あるいは問題解決の内容によっては，不得意な処理様式を求められるためにパフォーマンスに弱さが生じることになるのであろう。しかしながら，成功経験による課題達成への期待水準の高まりや，外的指向性の積極的な活用などによって，処理システム以外の注意・覚醒システムあるいはプランニングシステムの活性化を通して，システム間の相互依存性が働き，認知発達レベル相応のパフォーマンスも十分期待されることになる。

第4章

発達－差異論の貢献

1節　発達心理学研究に対して

　発達心理学は，養育・保育・教育とつながりながら，子どもの現実の生活の充実や将来の人間性豊かな成長に向け役立つように，また2007年度から始まった特別支援教育の対象である障害を持つ子どもの発達促進および障害軽減の手がかりを導き出せるように期待され，同時に数多くの発達研究の成果も発表してきた。なかでも認識（認知）能力および知的発達への研究的関心は強く，特に顕著な昨今の能力主義や情報処理への重点化によって，そのことは一層拍車がかかっている状況である。

　能力の発達を発達研究の課題にし，そのメカニズムを解明したうえで発達プロセスと能力促進の手立てを関連づけてきたのが発達心理学であり，情報処理論および認知科学等の進展の影響を受けて今後一層このような方向性で発達研究は積み重ねられていくことが予想される。わかりやすく言えば，そこで求められていることは，1人ひとりの子どもの技能や能力を少しでも高めることを目的にした発達研究の方法論やその研究成果なのである。

　しかしながら，本書で取り上げた『発達－差異論と動機づけの問題』は，子どもの能力を高めることに主眼を置いたものではなく，あるがままの（今持てる）能力を思いきり活用し，「できる」「わかる」「もっとやりたい」「次，こう

したい」等々の認知発達の形式と内容が密接に関係し合った意味のある学習活動を育てることにねらいを定めたものなのである。この点については，特に発達論的立場からの主張には，能力（認知）－活動－意味という定式化が含まれていると考えてよいであろう。すなわち，動機づけを高めたり，工夫することによって，今持てる認知およびメタ認知能力を余すことなく活用し，学習活動につなげ，やればできる，次こうしようという活動の意味，つまり自信あるいは自己効力感，そして学習の志向性を得ることにつながるのである。

2節　障害児心理学研究に対して

　障害児心理学は障害児が日常生活のなかで示す種々の行動，例えば身辺処理，遊び，学習，あるいは問題解決などの諸事実を収集し理解して，それらの事実間に含まれている相互連関を明らかにすることによって心理学的な法則性を導き出すことをねらいにしている。そして，それはほとんどの行動における遅滞的側面，特異的側面，あるいは問題的側面を貫いている心理学的法則を抽出することに集約され，その後成長・発達を促し，障害を低減する取り組みの手がかりを得ることにつながるものである。このような障害児心理学の目的のもと，特に研究の重要な課題となるのは，知的障害児の場合，遅滞性および劣弱性のみを明らかにするのではなく，それらの行動を規定し，また行動を通して形成されているものの心理学的解明なのである。

　特別支援教育の実践者たちが頻繁に異口同音的に話す言葉がある。
　「特別支援学級の子どもの多くは学習でも生活でも，やればできる能力を持っているにもかかわらず，自ら活動に取り組もうとしない。彼らはまわりの者からの指示を待ち続けたり，間違っているとわかっているにもかかわらず適当に答えを書いたり，あるいは賭け事でもするかのようなやり方で回答してしまう。そこで子どもの能力からみてレベル的に非常に容易な課題をさせてみると，得意気になって問題解決に集中して取り組み，できると大喜びする」。
　ここでは，教師は学習を含めたあらゆる活動に対して，知的障害児が，失敗

回避の状態を示し,これまで獲得した自らの能力を積極的に活用しようとしないという行動レベルでの事実を語っている。障害児の遅滞性や劣弱性の背景にあるもの,あるいは彼らの学習行動や諸経験を通して身につけてきたものの心理学的法則の発見をねらいにした障害児心理学研究にとって,発達 – 差異論,特に発達論的アプローチは,有意義なものであろう。すなわち,知的障害児たちの劣弱な学習パフォーマンスという事実に対して,発達論的立場ではそれらを彼らの動機づけの低下や特異な動機づけ特性によってもたらされたものであると考える。そして動機づけが十分に考慮されるならば,知的障害児は到達した発達レベルに応じた学習プロセスを経て,同じ認知発達レベルの健常児と同等なパフォーマンスを示すとみるのである。

　今後,発達 – 差異論争の解決に向けては,知的障害児の心理特性をさらに詳細に把握するために,特に発達論アプローチにおける病因論および発達レベル（MA）マッチング（法）の克服が課題（Burack et al., 2012）であろう。後者に関して,発達レベルをMAで代表させるとしても知的障害児のMAに比べ健常児のそれは発達の割合（速度）が速いという事実（図4-1）から,両者のマッチング法の検討課題が残される。この点,発達的変化をチャートで表し,回帰モデルの実証的可能性を探ることが大切であろう。またMAマッチングに関連して,Tanaka & Zigler（2005）が明らかにしたように,MAのみでなく,

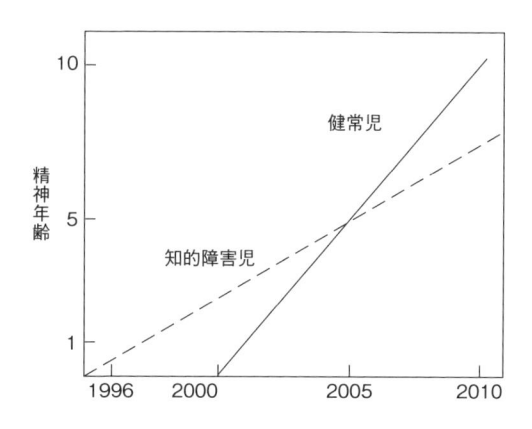

図4-1　健常児（IQ100）および知的障害児（IQ50）の精神年齢の発達

課題特有な認知能力を事前に測定しておき，課題遂行の中でそれが動機づけの影響をどのように受けるか検討することも重要となろう。そして，病因論の見直しについては，差異・欠陥論の立場で用いられてきた心理特性に対する不備な構成概念および研究方法論を捉え直し，発達レベルに相当する認知機能の分析・検討が求められよう。

3節　養育・保育・教育に対して

　知的障害児に対する教育の意義を問題にしたのは，フランス人医師であるイタール（Itard, J. 1774-1838年）が，経験論の立場を立証しようとして，アヴェロンの野生児の教育を組織的に始めたことに由来している（「アヴェロンの野生児に関する報告」）。そして，イタールの教育を通して野生児が成長する姿に驚きの目を持ち，生理学的方法による障害児の教育を提唱したのがセガン（Séguin, E. 1812-1880年）であった（「白痴教育の理論と実際」「生理学的方法による白痴の取り扱い」）。セガンは「白痴だから教育効果を示すことができない」のではなく，「白痴でも，教育すれば効果が上がる」ことを実践を通して証明したのである。彼の教育方法は，感覚運動を訓練することによって知的発達（学習，言語，思考など）を促し，その後に道徳心を含むパーソナリティ形成につなげるというものであった。

　セガンの教育は自己運動過程としての障害児の発達を踏まえた教育と関連性を持たせたものではなく，粗大運動および微細運動を中心にして，知的機能の訓練をプログラム化したものである。この点，差異・欠陥論的立場から提唱された知的障害児の認知欠陥事象，すなわち認知的硬さ，注意欠陥，記憶欠陥，そして言語媒介欠陥などもこれまで実験教育および教育実践の両方に関係させて，訓練の対象であった。例えば，実験教育における注意欠陥に対して，事前訓練として学習材料の持つ諸属性へ注意集中させるために指さしや指示棒などを活用したり，言語命名を何度も繰り返させたりした。また同じ学習ではあるが逆転および非逆転移行学習に関して，媒介過程に関与する言語的知識あるい

表4-1 指導内容

1. 積木の属性を知る段階：4つの積木（赤青赤青）を被験児の前に提示する。被験児にその刺激内容を見て色のカード（赤，青，黄，緑）の中から赤と青，形のカード（菱形，丸，正方形，三角）の中から丸と三角を選ばせる。
2. 共通の属性を知り集合化の操作を行う段階：右図の赤を指差して属性を質問する。右図のカードの他に積木を提示し，共通な属性をもつ積木を入れるように指示する。次に，目を閉じてもらい右図のカードに青の積木を加え誤りを訂正させる。赤・青・丸・三角の属性について行う。正答が得られない場合は言葉と動作で説明する（以下の手続きについても同様）。
3. 積木とカードで集合化を行い解決ストラテジーについての行為を習得する段階：右図のようなセッティングで積木を弁別ボックスへ，同じカードを家の中へ入れるよう指示する。どの属性に注目するかは弁別ボックスのふたを実験者が開閉することにより示す。完了した時点で家の中のカードの共通属性と残ったカードの共通属性を質問する。続いて同一の積木を用いて他の次元について行う。
4. 白い正方形カードで集合化の操作を行う段階：3．で用いたカードのかわりに白い正方形カードを用い3．と同様に行う。
5. 外言のレベルでの行為段階：家やカードの補助となるものは一切用いず，弁別ボックスの中に積木を入れさせる。集合化が完了した時点で弁別ボックスの中の共通属性を質問する。2つの次元で行う。

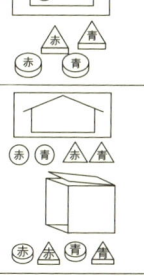

は概念名辞を正しく反応できたあとに言語化させた。しかし健常児が先行学習で正刺激選択の言語化訓練を通して，移行に促進的効果を表したのに対して，知的障害児はそのような効果を示さなかったのである。健常児は正刺激の言語化訓練により，正と負刺激の両方にかかわる特定次元への媒介反応が強まり，その利用が促された。ところが知的障害児では特定次元への言語媒介反応を促すには至らず，単一の正刺激のみへの反応が強化され，移行学習が困難になった。このように，言語媒介に有利に働くと思われた正刺激の言語化訓練は，知的障害児には健常児のように次元性の媒介反応を促すことにはならなかった。

そこで，発達論的立場から提唱された集合化の論理操作説を土台にして，訓練ではなく発達を踏まえて，自発的に絵カードによる共通点や相違点を抜き出させたり，切り替え質問への応答を求めたり，あるいは色・形の仲間集めが実施され，それらが効果を上げてきている。特に教育指導の場では，表4-1に示されるような弁別ボックスが自作教具として用いられ，色・形・大きさの各

次元に着目した集合化の論理操作および排中律の適用などを促している。これは，知的障害児に特有な動機づけ特性，つまり外的指向性を抑制し，内的指向性を高めることにもつながったものである。

　知的障害児の動機づけを促すことによって持てる能力（認知）を十分に発揮させようとする発達論的アプローチは，養育・保育・教育全般を通して，その子どもの潜在的な可能性を理解し顕在化させるというだけでなく，彼らの課題および課題提供者へのかかわり方，他者の意図への理解の仕方，そして課題提供者（他者）の側のかかわり方の実態などを把握するのに重要な貢献をするものと考えられる。

　このことは，かつて「感情教育」（波多野，1975）が子どもの認識との関係を踏まえて議論されてきたこととつながる。そこでは，子どもの興味および関心，欲求，「好奇心」，あるいは概念的葛藤などを刺激し育てることによって，発達的に初期の感覚運動的知能および後の言語的概念的知能の構造化が促されると考えられた。そして，この種の感情は，教育指導を通して快・不快の発達段階から規制，対人感情，意志，そして性格の最終段階へと階層性を伴いつつ発達変化する。発達論的アプローチによって明らかにされたのは，例えば子どもの「このくらいでいいや」という気持ち，すなわち成功の期待の低さが知能および認知の働きを不活発なものにしてしまうということである。そこで，100％の課題解決をめざす解決方略の積極的な活用を感じとるまでに成功経験を準備して与えることが重要であり，同時に可能でもあった。

　今日「できる」あるいは「わかる」という能力およびその発達と切り離された形で，「興味」「意欲」「思いやり」「共感」といった心の育ちを唱えた教育が強調されている。しかしながら，子どもの能力（認識）およびその発達が感情，意欲，共感などの内面的なものと統一されるようになる教育・指導を考えていくことが本来の姿ではないだろうか。「学び」から逃走する子どもたち（佐藤，2012），あるいは学ばない子どもたち（内田，2012）が増え続け，家庭養育や学校教育のなかで直面する課題の大きさに驚くばかりであるが，これも子どもの内面的活動と認知能力との統一がこれまで十分に考慮されてこなかったために生じているのではないか。子どもは，生育過程を通じて，より多くの知識やスキルを身につけることを外側から，しかも過度に期待され続けているよ

うに考えられるのである。学習や活動のなかで「できる」ことの喜び,「わかる」ことの楽しさ,あるいは「わかり合う」ことのダイナミックな感動を見つけられないままではないだろうか。子どもの能力と内面活動との統一を可能にする教育・指導を考え実践していくためにも,一人ひとりの子どもの発達像・障害像のきめ細かな把握と同時に動機づけ特性を理解し育てていくことが大切であろう。この点についても,発達論的アプローチによって明らかにされた諸知見がこれからの教育のあり方を示しているように考えられる。

文　献

Atkinson, R. C., & Shiffrin, R. M.(1968). Human memory: A proposed system and its control processes. In K. W. Spence & J. T. Spence(Eds), *The psychology of learning and motivation*, Vol, 2. New York: Academic Press. Pp. 89-195.

Balla, D., Mc Carthy, E., & Zigler, E.(1971). Some correlates of negative reaction tendencies in institutionalized retarded children. *Journal of Psychology*, **79**, 77-84.

Berlyne, D. E. (1968). 教授に関する内発的動機および内発的報酬の覚え書　J. S. ブルーナ（編）学習についての学習　黎明書房　Pp.223-232.

Bortner, M., & Birch, H. G.(1962). Perceptual and perceptual-motor dissociation in cerebral palsied children. *Journal of Nervous and Mental Disease*, **134**, 103-108.

Bray, N. W., & Turnure, L. A.(1986). The rehearsal deficit hypothesis. N. R. Ellis & N. W. Bray(Eds.), *International reviews of research in mental retardation*, Vol.14. New York: Academic Press. Pp.47-71.

Burack, J. A., Dawkins, T., Stewart, J., Flores, H., Iarocei, G., & Russo, N.(2012). The mysterious myth of attention deficit…revisited: A model of how the developmental approach is transforming the understanding of intellectual disability. *International Review of Research in Developmental Disabilities*, **42**, 14-177.

Burger, A. L., & Blackman, L. S. (1976). Acquisition and retention of a mediational strategy for PA learning in EMR children. *American Journal of Mental Deficiency*, **80**, 529-534.

Bybee, J., Ennis, P., & Zigler, E. (1989). Effects of institutionalization on the self-concept and outerdirectedness of adolescents with mental retardation. *Exceptionality*, **1**, 215-226.

Cromwell, R. L. (1963). A social learning approach to mental retardation. In N. R. Ellis(Ed.), *Handbook of mental deficiency*. New York: McGraw-Hill.

Das, J. P., Kirby, J R., & Jarman, R. F.(1979). *Simultaneous and successive cognitive processes*. New York: Academic Press.

Ellis, N. R. (1963). The stimulus trance and behavioral inadequacy. In N. R. Ellis(Ed.), *Handbook of mental deficiency*. New York: McGraw-Hill.

Ellis, N. R. (1970). Memory processes in retardates and normals. In N. R. Ellis(Ed.), *International review of research in mental retardation*. Vol.4. New York: Academic Press. Pp.1-32.

Engle, R. W., Nagle, R. L., & Dick, M. (1980). Maintenance and generalization of a semantic rehearsal in educable mentally retarded children. *Journal of Experimental Child Psychology*, **30**, 438-454.

Flavell, J. H.(1981). Cognitive monitoring. In W. P. Dickson(Ed.), Children's oral communication skills. New York: Academic Press.

藤井和枝（1988）．精神発達遅滞児の分類課題に及ぼす材料の効果——絵カード分類と事物分類—— 奈良教育大学教育学部　柳川光章教授退官記念論文集，159-170.

Gruen, G. E., Otlinger, D. R., & Ollendick, T. H.（1974）．Probability learning in retarded children with differing histories of success and failure in school. *American Journal of Mental Deficiency*, 79, 417-423.

Gruen, G. E., & Zigler, E.（1968）．Expectancy of success and the probability lerning of middle-class, lower-class and retarded children. *Journal of Abnormal Psychology*, 113, 343-352.

浜重多美恵（1973）．精神薄弱児の弁別学習に関する研究——強化率と学習効果の関係を中心として—— 特殊教育学研究，11，15-21.

浜重多美恵（1975）．精神薄弱児の弁別学習に関する研究——刺激次元への注意の効果を中心として—— 特殊教育学研究，13，1-9.

浜重多美恵（1977）．精神薄弱（児）者の記憶過程　特殊教育学研究，15(2)，30-43.

浜重多美恵（1980）．精神薄弱児の弁別移行学習と次元偏好性　心理学研究，50，337-340.

波多野完治（1975）．子どもの認識と感情　岩波書店

星野常夫（1979）．精神薄弱児の知覚的好奇心に関する一考察——不調和図形への注視時間と選択反応を指標にして—— 特殊教育学研究，16(3)，27-35.

Hoppe, F.（1931）．Erfolg und misserfolg Psychologishe Frorschung, Bd. 14, 1-62.

井田範美・田中道治（1986）．精神発達遅滞児の知的学習　明治図書

今野和夫（1977）．施設精神薄弱児の動機づけに関する研究——学習行動との関連性をめぐって—— 特殊教育学研究，15，17-29.

乾　孝・長谷川啓三（1975）．眼球運動を指標とする幼児の対象認知の発達と教育　その1　日本教育心理学会第17回大会発表論文集，70-71.

乾　孝・長谷川啓三・足立博志（1976）．眼球運動を指標とする幼児の対象認知の発達と教育　その2　日本教育心理学会第18回大会発表論文集，198-199.

堅田明義（1968）．精神薄弱児のパーソナリティの特性——特に失敗場面の移行性におよぼす影響について—— 特異児の心理と教育，51-61.

加藤義男（1971）．精神薄弱児の動機づけに関する研究——硬さに関する動機づけ理論の検討—— 教育心理学研究，19，1-9.

Kendler, T. S., & Kendler, H. H.（1962）．Mediated response to size and brightness as a function of age. *American Journal of Psychology*, 76, 571-586.

木村健一郎（1979）精神遅滞児における外的志向性に関する研究（Ⅰ）——普通児との比較—— 北海道教育大学紀要，52-60.

木村健一郎（1980）．精神遅滞児の外的志向性に関する研究（Ⅱ）——環境的要因の検討——　北海道教育大学紀要，25-34.

Kirby, J. R., & Das, J. P.（1990）．A cognitive approach to intelligence: Attention, cording and planning. *Canadian Psychology*, 31, 320-333.

Kirby J. R., & Williams, N. H.（1991）．*Learning problems: A cognitive approach*. Tronto: Kagan & Woo Limited.　田中道治・前川久男・前田　豊（編訳）（2011）．学習の問題への認知

的アプローチ——PASS理論による学習メカニズムの理解—— 北大路書房
喜多尾 哲・梅谷忠勇 (1981). 精神薄弱児の弁別逆転学習に関する研究 日本特殊教育学会第19回大会発表論文集, 108-109.
喜多尾 哲・梅谷忠勇・生川善雄 (1986). 中・軽度精神薄弱児の弁別逆転学習に関する研究——手がかり言語化訓練条件の違いによる検討—— 日本特殊教育学会24回大会発表論文集, 210-211.
Klausmeier, H. J., Ghatala, E. S., & Frayer, D. A. (1974). *Conceptual learning and development : A cognitive view.* New York: Academic Press.
小松秀茂 (1983). 知能障害児の空間的認識・構成活動の構造的分析 いわき短期大学紀要, 95-107.
小松秀茂 (1990). 構成活動の発達と障害 松野 豊 (編著) 障害児の発達神経心理学 青木書店 Pp.168-175.
Kounin, J. S. (1941). Experimental studies of rigidity: I. The measurement of rigidity in normal and feebleminded persons. *Character & Personality*, **9**, 251-272.
Kounin, J. S. (1948). The meaning of rigidity: A reply to Heinz Werner. *Psychological Review*, **55**, 157-166.
熊谷高幸 (1982). 精神薄弱児の発達過程の特徴 加藤直樹・茂木俊彦 (編) 障害児の心理学 青木教育叢書 Pp.175-194.
Lewin, K. (1935). *A dynamic theory of personality.* 相良守次・小川 隆 (訳) 1957 パーソナリティの力学説 岩波書店
Luria, A. R. (1970). The functional organization of the brain. Scientific American, **222**(3), 66-78.
Luria, A. R. (1973). *The working lorain.* Harmondsworth, England: Penguin.
前川久男 (1980). 精神遅滞児の視覚的探索活動——絵画刺激の解釈との関連から—— 特殊教育学研究, **18**(2), 34-44.
松村多美恵 (1981). 精神薄弱児の弁別学習の及ぼす種々の訓練効果 心理学研究, **51**, 120-123.
松村多美恵 (1984). 精神薄弱児の観察学習——対連合学習におよぼす効果—— 心理学研究, **55**, 51-55.
松村多美恵 (1985). 精神遅滞児における物語記憶におよぼす絵画呈示の効果 特殊教育学研究, **23**(1), 36-45.
松村多美恵・木村裕子 (1986). 精神薄弱児における記憶属性の研究 茨城大学教育学部紀要, **35**, 99-104.
松村多美恵・倉本敦子 (1980). 精神薄弱児のリハーサル方略におよぼすラベリングと記銘材料の効果について 特殊教高学研究, **18**, 26-32.
松村多美恵・小川弘美 (1983). 精神薄弱児の自由再生記憶におよぼす分類作業の効果 特殊教育学研究, **21**, 7-14.
松村多美恵・嶋田佐智子・村尾由紀 (1987). 精神薄弱児の絵記憶におけるラベルづけに関する研究 茨城大学教育学部 (教育科学), **36**, 67-77.

Milgram, N. A., & Furth, H. G. (1946). Position reversal vs. dimension reversal in normal and retarded children. *Child Development*, **35**, 701-708.

村田豊久(1980). 自閉症　医歯薬出版

中村和夫(1979). 知的障害児におけるリズム能力と言語行為の継次的側面との関連について　愛媛大学教育学部紀要, **25**, 125-135.

岡本真彦(1991). 発達的要因としての知能及びメタ認知的知識が算数文章題の解決におよぼす影響　発達心理学研究, **2**(2), 78-87.

岡本夏木(1971). 発達的観点からみた弁別学習の転移に関する研究　学位申請論文

Sanders, B., Zigler, E., & Butterfield, E. C. (1968). Outerdirectedness in the discrimination learning of normal and mentally retarded children. *Journal of Abnormal Psychology*, **73**, 368-375.

三宮真智子(2009). メタ認知　北大路書房

佐藤　学(2012).「学び」から逃走する子どもたち　岩波ブックレット No.524

佐藤容子(1984). 精神遅滞児におけるメタ記憶の発達――再生・再認の分化――　特殊教育学研究, **22**, 9-16.

佐藤容子(1987). 精神遅滞児におけるメタ認知スキルの転移　特殊教育学研究, **25**(1), 1-8.

積山　薫・竹村保子・福田香苗・柿坂　緑・石本真佐子(1984).「積木問題」における空間表象の操作　教育心理学研究, **32**(2), 22-28.

Shallenberger, P., & Zigler, E.(1961). Rigidity, negative reaction tendencies, and cosatiation effects in normal and feebleminded children. *Journal of Abonormal and Social Psychology*, **63**, 20-26.

Slife, B. D., Weiss, J., & Bell, T.(1985). Separability of metacognition and cognition: Problem solving in learning disabled and regular students. *Journal of Educational Psychology*, **77**, 437-445.

柴田幸一(1976). 弁別移行学習における媒介過程の発達的研究　教育心理学研究, **24**, 39-49.

昇地勝人(1971). 脳性マヒ児の視覚-運動機能の分析的研究――認知と構成――　心理学研究, **42**, 55-66.

昇地勝人(1978). 脳性マヒ児の視覚-運動機能の発達的研究　心理学研究, **49**, 249-256.

Spitz, H. H. (1973). Consolidatin facts into the schematized learnings and memory system of educable. In N. R. Ellis(Ed.), *International review of research in mental retardation*. Vol.6. New York: Academic Press. Pp.149-170.

Stevenson, H. W., & Zigler, E. (1958). Probability learning in children. *Journal of Experimental Psychology*, **56**, 185-192.

菅野　敦(1985). 精神遅滞児の弁別移動学習に関する発達的研究　日本特殊教育学会第22回大会発表論文集, 164-165.

Swanson, H. L.(1990). Influence of metacognitive knowledge and aptitude on problem solving. *Journal of Educational Psychology*, **82**, 306-314.

田口則良 (1978). 精神薄弱児における発見型授業と説明型授業の比較的研究 教育心理学研究, 26, 12-22.
Tanaka, M., Malakoff, M. E., Bennett-Gates, D., & Zigler, E. (2001). Development of an outerdirected style of problem solving in individuals with and without mental retardation. *Journal of Applied Developmental Psychology*, 22, 191-198.
田中真理 (1992). 精神遅滞児の物語理解におけるメタ認知的側面 教育心理学研究, 40(2), 185-193.
田中真理 (2003). 関係のなかで開かれる知的障害児・者の内的世界 ナカニシヤ出版
田中昌人 (1977). 発達における「階層」の概念の導入について 京都大学教育学紀要, 23, 1-13.
田中道治 (1979). 精神薄弱児の動機づけに関する研究──成功の期待に関する動機づけ仮説の実験的検討── 教育心理学研究, 27, 47-56.
田中道治 (1990). 精神遅滞児の媒介過程と言語処理水準 鳴門教育大学研究紀要, 5, 127-137.
田中道治 (2001). 障害児におけるパーソナリティ特性 熊本大学教育学部紀要, 50, 179-188.
田中道治 (2012). 授業(教授−学習過程) 分析──教師の言語行動に着目して── 田中道治教授退官記念論文集 京都大学発達障害学科
田中道治・藤原 縁 (1987). 精神遅滞児の知的好奇心について 鳴門教育大学研究紀要, 2, 113-126.
田中道治・池谷尚剛 (1988). 眼球運動からみた精神発達遅滞児の調和・不調和図形認知の発達と教示効果 鳴門教育大学学校教育研究センター紀要, 2, 29-36.
田中道治・清野茂博・松村多美恵 (1990). 精神遅滞とはなにか 明治図書
田中道治・西谷三四郎 (1978). 精神薄弱児の動機づけに関する研究──概観と今後の方向── 筑波大学心身障害学研究, 2, 195-185.
田中道治・菅野 敦 (1984). 弁別学習における精神発達遅滞児の言語反応の分析 筑波大学心身障害学研究, 8(2), 57-64.
田中道治・田中明子 (2000). 知的障害のメタ認知の発達を促す母親の養育特性 熊本大学教育学部紀要(人文科学), 49, 169-180.
田中道治・Zigler, E. (1993). Reversal shift learning and outerdirectedness in children with mental retardation. 日本特殊教育学会第31回大会発表論文集, 274-275.
田中道治・Zigler, E. (1994). 確率学習における精神遅滞児の問題解決過程と発達−差異論争 特殊教育学研究, 32(2), 53-62.
Tanaka, M., & Zigler, E. (2005). Discrimination Shift learning and outerdirectedness in children with mental retardation. *Japanese Journal of Special Education*, 42(6), 459-466.
寺田 晃 (1970). 精神薄弱児における等価性の認知に関する研究──発達的変化と教示の効果を中心として── 神戸大学教育学部紀要, 42, 9-27.
土岐邦彦 (1981). 知能障害児における認識と運動調整力との連関 特殊教育学研究, 19(2), 38-47.

徳永英明・田中道治(2004).　知的障害児および健常児における自己意識の発達——自己の変容に対するイメージと理想の自己イメージの関係——　特殊教育学研究, 42(1), 1-11.

Turnure, J., & Zigler, E. (1964). Outerdirectedness in the problem solving of normal and retarded children. *Journal of Abnormal and Social Psychology*, 69, 427-436.

内田　樹(2012).　下流志向〈学ばない子どもたち 働かない若者たち〉　講談社文庫

内田芳夫(1995).　精神遅滞児に対する神経心理学的研究　障害者問題研究, 83, 46-55.

梅谷忠勇(1975).　精神薄弱児の弁別逆転学習に関する研究　教育心理学研究, 23, 125-129.

梅谷忠勇・生川善雄・堅田明義(1977).　精神薄弱児の弁別学習における手がかり機制の発達に関する研究　教育心理学研究, 25, 209-218.

Weaver. S. J., Balla, D., & Zigler, E.(1971). Social approach and avoidance tendencies of institutionalized retarded and noninstitutionalized retarded and normal children. *Journal of Experimental Research in Personality*, 5, 98-110.

Weir, M. W. (1964). Developmental changes in problem-solving strategies. *Psychological Review*, 71, 473-490.

Zeaman, D., & House, B. J. (1963). The role of attention in retardate discrimination learning. In N. R. Ellis(Ed.), Hnadbook of mental deficiency. New York: Mcgraw-Hill. Pp.159-223.

Zigler, E.(1969). Developmental versus difference theories of mental retardation and the problem of motivation. *American Journal of Mental Deficiency*, 73, 536-556.

Zigler, E., & Bennett-Gates, D. (1999). *Personality development in individuals with mental retardation*. New York: Cambridge University Press.　田中道治(編訳)(2000).　知的障害者の人格発達　田研出版

Zigler, E., & DeLabry, J. (1962). Concept-switching in middle-class, lower-class, and retarded children. *The Journal of Abnormal and Social Psychology*, 65, 267-273.

Zigler, E., Hodgden. L., & Stevenson, H. W.(1958). The effect of support on the performance of normal and feebleminded children. *Journal of Personality*, 26, 106-122.

Zigler, E., & Kanzer, P.(1962). The effectiveness of two classes of verbal reinforcers on the performance of middle-and lower-class children. *Journal of Personality*, 30, 157-163.

Zigler, E., & Unell, E. (1962). Concept-switching in normal and feebleminded children as a function of reinforcement. *American Journal of Mental Deficiency*, 66, 651-657.

人名索引

●B
Balla, D. 55
Berlyne, D. E. 17

●C
Cromwell, R. L. 59

●D
Das, J. P. 34

●E
Ellis, N. R. 19, 47

●F
Flavell, J. H. 36
藤井和枝 27

●H
浜重多美恵 47
Hoppe, F. 63

●I
今野和夫 56
Itard, J. 90

●K
堅田明義 44
加藤義男 55
Kendler, T. S. 30, 51
木村健一郎 66

Kirby, J. R. 34
Klausmeier, H. J. 25
小松秀茂 21, 84
Kounin, J. S. 43, 77
熊谷高幸 6

●L
Lewin, K. 42, 77
Luria, A. R. 34

●M
前川久男 15
松村多美恵 47

●N
中村和夫 85

●O
岡本真彦 38

●P
Piaget, J. 2

●S
Séguin, E. 90
Sanders, B. 65
三宮真智子 72
佐藤容子 37
柴田幸一 32, 52
Slife, B. D. 38

101

Swanson, H. L.　38

●T
田中真理　37, 74, 75
田中昌人　2
田中道治（Tanaka, M.）　36, 48, 60, 65, 66, 69, 72
寺田晃　25

●U
内田芳夫　83
Unell, E.　58

●Z
Zigler, E.　52, 55, 58, 65, 66

事項索引

●あ
ITPA言語学習能力診断調査　75
アヴェロンの野生児　90

●い
位置交替パタン反応　60
一次元的学習　52

●う
運動調整　22

●か
階層一段階理論　2
外的指向行動　66, 69
外的指向性　65, 69, 85, 92
外的指向性仮説　65
概念形成　24
概念達成　24, 58, 65, 66
学習二段階説　51
学習プロセス　12
課題解決過程　64
硬さ　43, 44
感覚・知覚学習　13, 39
眼球運動　13, 15
感情教育　92

●き
記憶欠陥　90
記憶方略　20, 47, 56, 78
企画・制御成分　22

記号象徴的表象　26
共飽和指数　44

●く
空間的分析・操作成分　22
グルーピング方略　79

●け
系列再生位置曲線　19
系列再生課題　18
K-ABC知能検査　83
言語媒介仮説　31
言語媒介欠陥　48, 52, 77, 90

●こ
構成活動　22
心の理論　3

●さ
再生レディネス課題　37

●し
視覚的表象　25
次元間比較　2, 32
次元性象徴反応　31
次元内比較　2, 32
自己運動過程　5, 6, 11
視知覚　13, 15
社会的強化　58
集合化の論理操作　32, 51, 68

集合化の論理操作説　91
障害児心理学　88
照合的特徴　17
神経心理学　84

●せ
成功経験　85, 92

●た
対連合学習　58
縦の発達　6
短期記憶　18
短期記憶欠陥　47, 52, 77, 78

●ち
知覚的好奇心　17
知的障害児　6, 31, 74
注意・覚醒システム　34, 80, 81
注意欠陥　46, 52, 77, 78, 90
注意欠陥説　47
注意方略　47
調整指数　24

●て
低IQ欠陥　52

●と
動機づけ　38, 87
動作的表象　26
同時・継次システム　34
同時・継次処理システム　80, 81

●な
内的指向行動　66, 69

●に
二次元的学習　52
二次元弁別学習　29
認知　70
認知学習　22, 39
認知処理　33
認知処理プロセス　84
認知的方略　73
認知的硬さ　43, 46, 52, 53, 77, 90
認知的コントロール　48
認知的標準　17
認知的モニタリング　48
認知能力　75
認知発達レベル　12

●の
能動性　2, 11

●は
PASS理論　58, 80
発達機制　2
発達機能　1
発達−差異・欠陥論争　41
発達−差異論　87
発達諸機能の連関性　1
発達の質的転換期　2
発達理論　2
発達論アプローチ　89
発達論的アプローチ　6, 92, 93

●ひ
病因論　90
表象的な思考活動　2

●ふ
符号化　18
プランニングシステム　34, 80, 81
分類学習　39

●へ
弁別移行学習　28
弁別学習　28, 39
弁別逆転移行　30
弁別非逆転移行　30

●ま
マキシマイジング行動　63

●め
メタ認知　35, 37, 39, 48, 70, 71, 73-77, 79, 83-85
メタ認知的コントロール　35, 72
メタ認知的モニタリング　35, 72

●よ
横の発達　6

●り
リハーサル方略　79

特別寄稿論文
「発達論アプローチについて」

アメリカ合衆国　Yale大学
心理学科教授　Edward Zigler

　精神遅滞に対して発達論アプローチが拠り所としているのは，遅滞児は全人として理解されなければならないという考え方である。したがって，精神遅滞児を何とか完全に理解しようとする時，行動理解に際して知的要素と同じくらいに動機づけ要素に着目する必要があろう。遅滞児の生活経験は健常児とは比べものにならないほど大きく違っているので，彼らは一般知能レベル（IQ）と同じく，動機づけ構造の点で健常児とは異なるのである。30数年以上にわたり，Ziglerおよび彼の共同研究者は遅滞児と健常児の行動の差異をもたらす若干数の限定された動機づけ要因を検討してきている。これまで頻繁に取り上げられた動機づけ要因は，大人からの社会的強化に対する子どもの動機づけ（時に子どもの正の反応傾向として言及される）であった。数多くの研究によって，現在，指摘されているが，遅滞児は発達レベル（MA）の同じ健常児に比べて，大人からの社会的強化を得たいという欲求がより強い（Zigler & Balla, 1982およびZigler & Hodapp, 1986によって概観されている）。この社会的強化への強い動機づけは，遅滞児によって経験される大人からの社会的強化が比較的剥奪されるためであると考えられてきた。社会的剥奪についての解釈は，Gewirtz & Baer（1958）による実験的研究により支持されている。彼らは短期間の社会的強化の剥奪を経験することで，このような強化に対する動機づけを高めるということを見いだした。

　遅滞児の社会的強化の効果を検討している研究のほとんどは，州の施設に居住する軽度遅滞児を対象にしている。このような子どもは，現在，めったに施設入所とはならない（Bruininks et al., 1981）ので，非施設収容遅滞児も同じように社会的強化への強い動機づけを示すかどうか疑問である。本論の

第1の目的は，この点について考察することである。初期の研究（Stevenson & Fahel, 1961を例外として）の持つ別の特徴は，遅滞児がMAの同じ健常児と変わることなく同じであるということであった。他の研究者たちが議論していることであるが，適切な比較群はCA（暦年齢）の同じ群である（例えば，Ellis & Cavalier, 1982）。本論文では，CAとMAの対の両方に注目してみたい。

数多くの先行研究と同じように，ここでの子どもは，支持（かなりの量の社会的強化），あるいは非支持（強化子として注目するのみ）条件のどちらかで検討された。本論文の予想は次の通りであった。すなわち，2つの条件間の成績の差は，健常児に比べて遅滞児のほうがより顕著に示されるであろう。

社会的強化に対する子どもの動機づけは，しばしば社会的に強化される課題であるボーリング遊びでどれだけ長く続けるか調べることによって検討された。研究を重ねて明らかになったことであるが，より長時間の遊びに加えて，遅滞児はこの遊びの間に健常児とは違った別の行動を見せたのである。彼らは，大人が社会的強化（例えば，「うまい」）を与えると，よりはっきりと感動（例えば，笑み）を表すのである。加えて，遅滞児は，社会的強化を与える大人を頻繁にちらり見して大人との交流を深めようとする。これらの臨床的な印象については，これまで用いてきた遊び時間測度と同じように，笑み，ちらり見，そしてコメントのデータを収集することによって，本論文の中で検証された。

社会的強化を受け取るためにボーリング課題に費やした時間の長さは，社会的強化の効果を測定する手がかりとしてある見せかけの妥当性を持っているように思える。長い間，この測度は，かなりの程度，構成概念として妥当なものであると考えられてきた。それにもかかわらず，社会的強化に対する動機づけより他に子どもの遊び時間を決定する要素は数多いのである。本論文の最後の目的は，子どもの社会的強化探求行動に関する直接的な行動観察の測度を遊び時間測度と比較することによって，より一層遊び時間測度の妥当性を検討することである。

このように本論文では，遅滞児および健常児が支持条件か，あるいは非支持条件下のいずれかで社会的に強化を受ける単純なゲームを取り上げてみた。ここで分析された従属変数として，遊び時間の長さ，笑み，ちらり見，そしてコメントが採用された。社会的強化に対する子どもの動機づけを観察測度の構成

から捉え，次のような仮説が検証された。すなわち，遊び時間と同様に，遅滞児は健常児に比べて観察測度でより高得点を示すであろう。子どもの2群は，最初にCAマッチによるパラダイムを用いて査定された。次に論文では子どもは再編成されて，MAマッチによるパラダイムを採用し評価された。最後に，種々の結果に関して，各測度間の相関関係が検討された。

【文献】

Bruininks, R, H., Meyers, C. E., Sigford, B. B., & Lakin, K. S. (1981). *Deinstitutionalization and community adjustment of mentally retarded people*. Washington, DC: American Association on Mental Deficiency.

Ellis, N. R., & Cavalier, A. R. (1982). Research perspectives in mental retardation. In E. Zigler & D. Balla (Eds,), *Mental retardation: The developmental-difference controvercy*. Hillsdale, NJ: Erlbaum. Pp.121-152.

Gewirtz, J. L., & Baer, D. M. (1958). The effect of brief social deprivation on behaviors for a social reinforcer. *The Journal of Abnormal and Social Psychology*, **56**, 49-56.

Stevenson, H., & Fahel, L. (1961). The effect of social reinforcement on the performance of institutionalized and noninstitutionalized normal and feebleminded children. *Journal of Personality*, **29**, 136-147.

Zigler, E., & Balla, D. (1982). (Eds.), *Mental retardation: The developmental-difference controversy*. Hillsdale, NJ: Lawrence Erlbaum Associates. Lawrence Pp.9-26.

Zigler, E., & Hodapp, R. M. (1986). *Understanding mental retardation*. New York: Cambridge University Press.

共同研究

精神遅滞児における弁別移行学習および外的指向性

田中道治・Edward Zigler

はじめに

　Kendler & Kendler (1962) が弁別移行学習における言語媒介仮説を提唱して久しい。彼らによると，言語媒介は知覚反応あるいは言語反応であり，次元性の反応ではない。しかし，非逆転移行学習に比べて，逆転移行学習の優位性を理解するためには，次元性の言語反応の性質を知ることが重要になろう。

　これまで精神遅滞児は弁別学習課題において適切次元を把握することの困難さをもつと指摘されてきた (Kanno, 1984; Kitao & Umetani, 1980, Umetani, 1973)。このような知見が示唆していることは，精神遅滞児が様々な学習事態で概念操作にかかわる問題をもつということであろう。弁別学習の際，彼らはいろいろな要因に影響されると考えられ (Achenbach & Zigler, 1968; Balla & Zigler, 1964; Bryant, 1964; Tanaka, 1985; Umetani, 1986) またそこでは媒介過程での問題もいくつか指摘されている。

　重要な問題の1つとして，弁別移行に求められる能力が適切次元あるいは値に関する対象児の言語報告からのみ推測されたにすぎないということである。ここで考えられることは，逆転移行学習および非逆転移行学習における媒介過程は集合化の論理操作の発達によって説明されるのではないかということである。

注) 本研究の出典は次の通りである。
　Original Article; Michiharu TANAKA and Edward ZIGLER (2005) Discrimination Shift Learning and Outerdirectedness in Children with Mental Retardation. *Jpn.J.Spec.Educ.*, **42** (6), 459-466.

共同研究

　逆転学習および非逆転学習事態において，先行学習から移行学習への移行のための能力として，集合化の論理操作力が注目されてきている（Kanno, 1984；Shibata, 1976；Tanaka, 1985, 1990, 1991）。つまり，刺激要素がある次元に基づいて集合化される（例えば，形あるいは色の次元）と，その刺激集合が構成される。

　その際の仮説は次の通りである。すなわち，異次元で刺激要素を弁別し移行する場合（非逆転移行），先行学習で形成した刺激集合は，新たな適切次元のもとで形成した新しい刺激集合として再構成されなければならない。しかしながら，同じ次元内で別々の刺激要素を認めて移行する場合（逆転移行），刺激集合は先行学習で形成したものをそのまま活用できる。

　本研究の第一の目的は，上述した集合化の論理操作仮説について精神遅滞分野で適用され得るか検討することである。そして第二の目的は，発達－差異論争（Ellis, 1969; Milgram, 1969; Zigler, 1969; Zigler & Balla, 1982）に関連させて，移行学習における認知および動機づけ要因の関係を確かめることである。このことに関連して，問題は精神遅滞児は動機づけられるならば容易に新しい集合を形成可能なのかということである。

　いくつかの方法論上の課題を明らかにしておかなければならないであろう。精神遅滞児および健常児の成績が認知課題を通して比較される時，両対象児は研究で用いられる課題に関連した能力と同時に，精神年齢（MA）でも合わせられなければならないであろう。本研究においては，次元内比較能力を測る課題が工夫され用いられた。これらの課題は対象児の言語的知識というよりもむしろ集合化の論理操作レベルを測定するために活用された。

　発達の観点から，問題解決過程における動機づけ要因の効果を検討することは非常に重要なことである。動機づけ要因は先行学習における刺激集合の形成プロセスに密接に影響を及ぼすので，外的指向性という要因が考えられよう。すなわち，外的指向性とは課題遂行でのフィードバックとして状況的あるいは外的な手がかりへの依存を意味している（Bybee, Ennis, & Zigler, 1990; Green & Zigler, 1962; Tanaka, Malakoff, Bennet-Gates, & Zigler, 2001; Turnure, 1970a, 1970b; Turnure & Zigler, 1964; Yando & Zigler, 1971; Zigler & Bennett-Gates, 1999）。もしも先行学習における刺激集合が，外的指

向行動を通して形成されるならば，対象児は移行学習で発達段階に相応する集合化の論理操作を行うことが予想される。

本研究の仮説は次の通りである。つまり，刺激集合の形成過程で動因として活用される外的指向性は，精神遅滞児にとって移行学習の遂行時，弁別能力の論理的使用を可能なものにするであろう。本仮説を検証することによって，発達－差異論争の解決に向けた歩みが期待されよう。

方法

1．対象児

対象児はアメリカコネチカット州New Haven市内にある公立小学校および特殊教育学校に通う92名の幼児，児童である。公立小学校幼児クラスに在籍する健常幼児46名，特殊教育学校に在籍する精神遅滞児46名。対象児はMA，人種，そして論理操作能力レベルで合わせられた。運動，感覚，あるいは精神障害をもつ者は含まれていない。両群ともに，逆転移行学習および非逆転移行学習の2つの条件が設定され，さらにこれら2条件内に実験群および対照群が設定される。表1に対象児の内訳が示される。

健常児のIQは標準レベルであり，90から110までの範囲にわたっている。

表1　対象児における平均CA，IQ，およびMA

群／条件	人数	CA	IQ	MA
健常児				
逆転学習				
対照	13	5：7 (0：3)	－	－
実験	13	5：6 (0：4)	－	－
非逆転学習				
対照	10	5：11 (0：3)	－	－
実験	10	5：8 (0：5)	－	－
精神遅滞児				
逆転学習				
対照	13	10：8 (0：7)	50 (8：8)	5：2 (0：8)
実験	13	9：6 (0：5)	56 (5：0)	5：3 (0：5)
非逆転学習				
対照	10	10：5 (0：8)	54 (5：9)	5：8 (0：9)
実験	10	10：2 (1：1)	57 (6：3)	5：9 (1：3)

注）CA：歳：ヶ月，（　）：SD．

共同研究

2. 課題および手続き

　3つの課題が対象児の一人ひとりに与えられる。いちばん目の課題では集合化の論理操作レベルが測定される。表2に示されるように，対象児にそれぞれ一シリーズ4枚のカードが与えられる。各カードには5つの刺激要素が含まれる。2枚は2つの異なる色（赤および青）をもつ同じ形（丸および三角）である。残りのカードは同じ色であるが2つの違った形である。

　次元内比較では，形における丸の数と三角の数の多少が問われ，色で赤と青の多少比較が求められる。次元間比較では，例えば色次元の赤と形次元の丸の多少が尋ねられる。対象児が4つの次元内課題のすべてに正解し，8つの次元間課題のすべてに不正解の場合，逆転移行学習が与えられる。そして，4つの次元内課題のすべてに正解し，4つ以上の次元間課題に正解したら，非逆転学習が施される。

　弁別学習課題は2色（赤および青）の丸と三角の積み木，4組（赤丸，青丸，赤三角，青三角）が用いられる。対象児は正しい積み木を当てるように教示される。正しい積み木には中に小さな鈴が入っており，正しい選択としてのフィードバックとなる。実験者は正選択の後で，「正解です」といい，誤選択の後で「間違いです」と伝える。先行学習では，2つの積み木が10連続正解の基準に達するまで，ランダムに提示される。最大許容試行数は60試行である。

　最後に，実験者は対象児にどの積み木が正解であったか，先行学習および移行学習の2つについて言語報告を求める。

　実験条件においては，青色の三角あるいは赤色の丸のように積み木と同じ2次元2価からなるカードが用いられる。先行学習の間，対象児の選択反応後，実験者は対象児が選択した積み木と同次元・価のカードを2つの容器（正答および誤答）のどちらかに入れる。実験者は対象児には何も説明することもなく，

表2　次元内および次元間比較課題

材料	次元内	次元間	
○R○R○R○B○B	R vs B	R vs C	B vs C
△B△B△B○B○B	T vs C	B vs C	B vs T
△R△B△B△B△B	R vs B	T vs B	T vs R
○R○R○R○R△R	C vs T	C vs R	R vs T

注）R：赤，B：青，C：丸，T：三角

そばで刺激集合をつくる。精神遅滞児においては，このような問題解決事態に直面した時，外的指向的アプローチの活用を通して，実験者の行動を手がかりにした集合化の論理操作が可能になるであろう。対照条件において，実験者はカードを用いた刺激の集合化を行うことなく，正と負のフィードバックを対象児に与える。

結果

逆転学習および非逆転学習の各々で基準達成までの所要試行数に関して，開平変換が施された。なぜならば，下位群における分散に有意差が認められたからである。開平変換の結果が表3に示される。

基準達成試行数に関して，2要因分散分析（群×条件）の結果，逆転移行および非逆転移行における先行学習で，条件の主効果に有意差が示された（おのおの，$F(1, 40)=8.91$, $p<.01$; $F(1, 36)=10.46$, $p<.01$）。実験条件の方が，対照条件に比べて基準達成試行数が有意に少なかった。群×条件の交互作用は

表3 逆転・非逆転移行学習における基準達成までの平均所要試行数

群／条件	逆転移行		非逆転移行	
	先行学習	移行学習	先行学習	移行学習
健常児				
対照	5.26 (1.05)	4.03 (0.65)	5.21 (1.05)	5.39 (0.95)
実験	4.62 (0.66)	4.01 (0.50)	4.05 (0.75)	5.24 (1.19)
精神遅滞児				
対照	6.14 (1.09)	5.66 (1.64)	5.89 (1.34)	6.41 (1.39)
実験	4.85 (0.95)	4.21 (0.72)	4.76 (1.09)	4.09 (0.62)

注）数値は開平変換（√）したものである。（ ）=SD

表4 基準達成後，適切次元を正しく言語報告した者の数

群／条件	逆転				非逆転			
	＋＋	＋－	－＋	－－	＋＋	＋－	－＋	－－
健常児								
対照	4	4	0	5	3	3	2	2
実験	10	0	0	3	1	4	5	0
精神遅滞								
対照	04	0	1	8	2	0	2	6
実験	10	0	0	3	5	2	3	0

注）＋＋＝先行・移行学習ともに正しい言語報告
　　＋－＝先行学習で正しく，移行学習で誤った言語報告
　　－＋＝先行学習で誤り，移行学習で正しい言語報告
　　－－＝先行・移行学習ともに誤った言語報告

有意ではなかった。

　逆転移行学習では，群および条件の主効果がいずれも有意であった（おのおの $F(1, 48)=10.16$, $p<.01$; $F(1, 48)=6.65$, $F<.05$）。同様に，群×条件の交互作用も有意であった（$F(1, 48)=6.22$, $p<.05$）。すなわち，対照条件では精神遅滞児は健常児に比べて，基準達成までの所要試行数が有意に多かった（先行学習　$t(15)=3.19$, $p<.01$; 移行学習　$t(14)=3.32$, $p<.01$いずれもウエルチの法適用）が，実験条件では両群間にいずれでも所要試行数には有意差が認められなかった。

　非逆転移行学習において，条件の主効果が有意（$F(1, 36)=11.65$, $p<.01$）であり，また群×条件の交互作用も有意であった（$F(1, 36)=8.98$, $p<.01$）。健常児における2条件間には有意差が示されなかった。しかし，精神遅滞児は，実験条件の方が対照条件に比べて基準達成までの所要試行数が有意に少ないことが明らかであった（$t(12)=4.53$, $p<.01$ ウエルチの法適用）。

　対照条件では精神遅滞児は健常児に比べて，基準達成までの所要試行数が有意に多い傾向であった（$t(18)=1.81$, $p<.10$）。実験条件において，精神遅滞児は健常児に比べて，所要試行数が有意に少なかった（$t(18)=2.54$, $p<.05$）。

　弁別学習課題の最後に，学習の手がかりを正しく言語報告した対象児数が表4に示される。

　逆転移行学習では，実験条件における精神遅滞児および健常児の両群は対照条件に比べて，先行学習および移行学習ともに正しく言語報告する者の数が多かった（精神遅滞児　$\chi^2=7.07$, $p<.05$; 健常児　$\chi^2=5.84$, $p<.10$）。

　非逆転移行学習において，両群間に言語報告者数の有意な違いは示されなかった。同様に，群内においても学習の手がかりを正しく言語報告した者の数には有意な差異が認められなかった。

考察

　本研究では，子どもにおける集合化の論理操作能力の発達過程について検討した。対象児のすべては次元内比較課題で全問正解し，次元間比較課題で50％以上の正解であった。それにも関わらず，MAで合わせていたが，同じ次元内，あるいは異なる次元間のいずれかによる先行学習から移行学習への移行に対し

て，精神遅滞児は健常児とは異なる反応を示した。

　健常児によって示された結果は，Shibata（1976）の知見に一致するものであった。先行学習を遂行している時，実験者の集合化の操作を見ていない対象児は，見ていた者と同じように同次元内，あるいは異なる次元間の移行を完成させることができた。このことは，内的指向な者は問題に直面した時，みずからの認知資源を採る傾向をもつ，という立場に共通する（Sanders, Zigler, & Butterfield, 1968）。

　対照的に，たとえ先行学習で群間の有意差が示されなかったとしても，対照条件において精神遅滞児は健常児に比べて逆転移行学習および非逆転移行学習の両方で困難さが大きかった。

　実験条件においては，精神遅滞児は健常児と同じように逆転学習および非逆転学習の移行が可能であった。精神遅滞児は外的手がかりを活用することによって，とくに非逆転移行学習で健常児よりも優れた成績を示すということが明らかになった。

　これは，精神遅滞児がある特定の次元に基づいて刺激集合を形成した後で，問題解決方略（Achenbach & Zigler, 1968）を適用することによって，異なる適切次元をもとに形成していた集合の再構成に向け外的指向な行動を取り入れるということを示唆する。この点について，彼らは次元間の多少比較が可能であることを示している。しかしながら，外的指向な行動は本研究では従属変数として分析されてはいない。ここでは実験条件下ですべての対象児が実験者の集合化の操作をしっかり見ていたという行動観察から外的指向性を議論してきた。したがって，外的指向性の測定については今後の課題として残される。

　本研究により得られた知見として，精神遅滞児は，ある特定の課題を解決するためみずからの認知資源を活用するように励まされると，同じ精神年齢の健常児と同程度の遂行結果を示す可能性をもっているということが示唆されよう。このことは，発達－差異論争（Zigler, 1969; Zigler & Balla, 1982）における発達論を支持し，同時に論争の解決に向けて新たな方法論を提起することにもなろう。

【文献】

Achenbach, T. & Zigler, E. (1968) Cue-learning and problem-learning strategies in normal and retarded children. *Child Development*, 39, 827-848.

Balla, D. & Zigler, E. (1964) Discrimination and switching in normal, familial retarded and organic retarded children. *Journal of Abnormal and Social Psychology*, 69, 664-669.

Bryant, P. E. (1964) The effect of a verbal instruction on transfer in normal and severely subnormal children. *Journal of Mental Deficiency Research*, 70, 35-43.

Bybee, J., Ennis, P., & Zigler, E. (1990) Effects of institutionalization on the self-concept and outerdirectedness of adolescents with mental retardation. *Exceptionality*, 1, 215-226.

Ellis, N. R. (1969) A behavioral research strategy in mental retardation: Defense and critique. *American Journal of Mental Deficiency*, 73, 557-566.

Green, C. & Zigler, E. (1962) Social deprivation and the performance of retarded and normal children on a satiation-type task. *Child Development*, 33, 499-508.

Kanno, A . (1984) The developmental study of discrimination shift learning in children with mental retardation. *Proceedings of the 22nd conference of the Japanese Association of Special Education*, 164-165.(in Japanese)

Kendler, H. H. & Kendler, T. S. (1962) Vertical and horizontal process in problem solving. *Psychological Review*, 19, 1-16.

Kitao, S. & Umetani, T. (1980) The effect of verbal instruction on reversal shift learning in children with mental retardation. *Proceedings of the 22nd conference of the Japanese Association of Educational Psychology*, 718-719. (in Japanese)

Milgram, N. A. (1969) The rational and irrational in Zgler's motivational approach to mental retardation. *American Journal of Mental Deficiency*, 73, 527-532.

Sanders, B., Zigler, E., & Butterfield, E. C. (1968) Outerdirectedness in the discrimination learning of normal and mentally retarded children. *Journal of Abnormal Psychology*, 73, 368-375.

Shibata, K. (1976) A developmental study of mediational processes in discrimination shift learning. *Japanese Journal of Educational Psychology*, 24, 39-49. (in Japanese)

Tanaka, M. (1985) The relation between the logical manipulation by classification and verbal processing in children with mental retardation. *Proceedings of the 27th conference of the Japanese Association of Educational Psychology*, 892-893. (in Japanese)

Tanaka, M. (1990) The mediational processes and verbal processing level in children with mental retardation. *Research Bulletin of Educational Sciences, Naruto University of Education*, 5, 127-137. (in Japanese)

Tanaka, M. (1991) Reversal shift learning and simultaneous memory processing in children with mental retardation. *Proceedings of the 29th conference of the Japanese Association of Special Education*, 214-215. (in Japanese)

Tanaka, M., Malakoff, M. E., Bennett-Gates, D., & Zigler. E. (2001) Development of an outerdirected style of problem solving in individuals with and without mental retardation. *Applied Developmental Psychology*, 22, 191-198.

Turnure, J. E. (1970a) Distractibility in the mentally retarded: Negative evidence for an orienting inadequacy. *Exceptional Children*, 37, 181-186.

Turnure, J. E. (1970b) Reactions to physical and social distractors by moderately retarded institutionalized children. *Journal of Special Education*, 4, 283-294.

Turnure, J. & Zigler, E. (1964) Outerdirectedness in the problem solving of normal and retarded children. *Journal of Abnormal and Social Psychology*, 69, 427-436.

Umetani, T. (1973) The study of reversal shift learning in children with mental retardation. *Japanese Journal of Educational Psychology*, 23, 125-129. (in Japanese)

Umetani, T. (1986) The effect of verbal cues on reversal shift learning in mildly retarded and non-retarded children. *Japanese Journal of Special Education*, 24, 27-32. (in Japanese)

Yando, R. & Zigler, E. (1971) Outerdirectedness in the problem solving of institutionalized and noninstitutionalized normal and retarded children. *Developmental Psychology.* 4, 277-288.

Zigler, E. (1969) Developmental versus difference theories of mental retardation and the problem of motivation. *American Journal of Mental Deficiency*, 73, 536-556.

Zigler, E. & Balla, D. (1982) Mental retardation: *The developmental-difference controversy*. Lawrence Erlbaum Associates, Hillsdale, New Jersey.

Zigler, E. & Bennett-Gates, D. (Eds.) (1999) *Personality development in individuals with mental retardation*. Cambridge University Press, New York.

—Received September 21, 2004; Accepted February 5, 2005—

あとがき

　ヒトから人間への成長・発達過程を理解することによって，養育・保育・教育の成果と同時に，それらの課題をも明らかにすることができよう．特に今日，1人ひとりの子どもの育ちの持つ問題を目の当たりに見るにつけ，発達およびその規定因を再確認し，養育・保育・教育とのかかわりを改めてプランニングする必要があろう．

　発達心理学においては，発達（development）の規定因として遺伝（成熟）か，環境（学習）かという論議から始まり，それらの折衷的な定義として輻輳説が取り上げられてきた．すなわち，身体および神経系の成熟を通して示される行動の変化を子どもの発達機制だと主張する成熟説に対して，生活のなかでの諸経験を通した刺激と反応との結合にその変化の法則をみる環境説が存在し，さらに両者の相互作用によってはじめて現実の行動変化がもたらされるという考え方が強調されたのである．

　しかし，発達研究の積み重ねが進み，併せて最近の保育・教育の状況下で子どもたちが示す行動およびその変化を見てみると，彼らの行動の個別性でなく，個体どうしの結びつき，つまり共同性（関係性）の働きの発達への影響の大きさに気づかされる．このことは，個体性の持つ能力の変化を発達として理解することの問題が提起されているのであり，周囲の物的・人的環境に対する能動性を通して，子どもの能力（発達）が発揮されたり，制約を受けたりする，ということを示唆している．すなわち，子どもの発達の枠組みを再考するにあたり，能力の発揮を支える情動（感情）を含めた動機づけシステムが外界や他者との相互作用を促し，その結果機能や能力の高次化に，同時に能力および動機づけの両システムの重層化に結びつく．具体的に言えば，子どもは直面する生活のなかで具体的実践的な活動を通して，外界とのかかわりを対象化し，量的および質的な行動変化を繰り返している存在である．したがって，獲得される機能や能力を適用し，その範囲を広げていくことを土台にして新たな機能および能力をさらに獲得することが発達概念の枠組みとなるに違いない．本書で取り上げた発達－差異論（争）は，まさに子どもの持てる諸機能および能力の適

用に関係したことであり，同時にそれらの高次化に向けた取り組みのあり方に示唆を与えるものであったと考えられる。

　子育ち・子育ての問題が深刻さを増している昨今，本書が子どもの個性化・社会化の側面から 1 人ひとりの発達プロセスを理解し，その無限の可能性の実感を形にできるような教育観（養育観）・発達観・障害観の確立に役立つように願うのである。

　本書の内容については，筆者が東京教育大学大学院で学んでいる時，研究テーマとして取り上げた知的障害児の発達と動機づけがベースになっている。当時，研究指導を熱心にしていただいた故西谷三四郎先生は医学者として，同時に心理学者として障害児と健常児との量的・質的差異に強い関心を寄せられていた。発達モデルを提唱しわが国の研究者や実践者の多くに影響を与えたYale大学のZigler氏の研究を徹底して学習するように励ましをいただいた。その後，post doctoral fellowとして筆者はZigler氏のもとで発達 − 差異論に関する研究を行うことができた。ここに西谷先生に心から感謝の意を表したい。Zigler氏からは，本書に向けて，寄稿論文をいただき，また先生の教え子の 1 人であるBurack氏の最新の論文を紹介していただくことができ，厚くお礼を申し上げたい。西谷研究室の先輩である堅田明義氏からは，本書への序文をいただくことができた。感謝の意を表したい。

　最後に，本書の刊行をお引き受けくださった北大路書房ならびに同編集部の薄木敏之氏にお礼申し上げたい。氏の励ましと忍耐がなければ本書はわが国の教育関係者の手元にはおそらく届かなかったと思う。重ねて薄木氏に心から感謝の意を表したい。

　　　2013年 3 月

　　　　　　　　　　　　　　　　　　　　　　　　　　　　　　　田中道治

■著者紹介■

田中道治（たなかみちはる）

1947年　広島県に生まれる
1977年　東京教育大学大学院教育学研究科修了
1992年　アメリカ合衆国Yale大学心理学科　Post Doctoral Fellow
現　在　福山平成大学子ども学科教授（教育学博士）
　　　　京都教育大学名誉教授

主　著

精神遅滞児の学習を規定する課題解決能力の発達　風間書房　2002年
「三つ子の魂百まで」再考―脳の発達及び社会政策から―（編訳）　田研出版　2005年
メタ認知―学習力を支える高次認知機能―（分担執筆）　北大路書房　2009年
学習の問題への認知的アプローチ―PASS理論による学習メカニズムの理解―（編訳）
　　　北大路書房　2011年

発達－差異論と動機づけの問題
──インクルーシブ教育実現のための発達心理学的考察──

| 2013年4月10日　初版第1刷印刷 | 定価はカバーに表示 |
| 2013年4月20日　初版第1刷発行 | してあります。 |

著者　田　中　道　治

発行所　㈱北大路書房
〒603-8303　京都市北区紫野十二坊町12-8
電　話　(075) 431-0361㈹
FAX　(075) 431-9393
振　替　01050-4-2083

©2013　　制作／ラインアート日向　　印刷・製本／㈱太洋社
検印省略　落丁・乱丁本はお取り替えいたします。
ISBN978-4-7628-2802-7　　Printed in Japan

・ JCOPY 〈㈳出版者著作権管理機構 委託出版物〉
本書の無断複写は著作権法上での例外を除き禁じられています。
複写される場合は，そのつど事前に，㈳出版者著作権管理機構
(電話 03-3513-6969,FAX 03-3513-6979,e-mail: info@jcopy.or.jp)
の許諾を得てください。